GRÖNLAND
(DÄNEMARK)
ALASKA
(USA)
BERING-
MEER
KANADA
ATLANTISCHER
OZEAN
PAZIFISCHER
OZEAN
VEREINIGTE STAATEN
VON AMERIKA
PUERTO RICO (USA)
ST. KITTS UND NEVIS
ANTIGUA UND BARBUDA
DOMINICA
BAHAMAS
MEXIKO
KUBA
HAITI
ST. LUCIA
ST. VINCENT UND DIE GRENADINEN
HAWAII
(USA)
BELIZE
JAMAIKA
DOMINIKA-
NISCHE
REPUBLIK
BARBADOS
GUATEMALA
GRENADA
EL SALVADOR
TRINIDAD UND TOBAGO
HONDURAS
VENEZUELA
GUYANA
MARSHALL-
INSELN
SURINAME
KOLUMBIEN
NICARAGUA
PANAMA
FRANZÖSISCH GUYANA (FRANKREICH)
COSTA RICA
NAURU
ECUADOR
KIRIBATI
GALAPAGOSINSELN
(ECUADOR)
TUVALU
TOKELAU
(NEUSEELAND)
BRASILIEN
SAMOA
COOK-
INSELN
(NEUSEELAND)
PERU
NUATU
TONGA
BOLIVIEN
FIDSCHI
FRANZÖSISCH
POLYNESIEN
(FRANKREICH)
PITCAIRNINSELN
(GROSSBRITANNIEN)
PARAGUAY
CHILE
WALLIS UND
FUTUNA
(FRANKREICH)
AMERIKANISCH
SAMOA (USA)
NIUE
(NEUSEELAND)
OSTERINSEL (CHILE)
ARGENTINIEN
URUGUAY
NEUSEELAND
FALKLAND-INSELN
(GROSSBRITANNIEN)
SÜDGEORGIEN UND
DIE SANDWICHINSELN
(GROSSBRITANNIEN)

Mein B

Osterinsel

Washington, USA

Pyramiden, Ägypten

Taj Mahal, Indien

ldatlas

Kapstadt, Südafrika

Stonehenge, Großbritannien

Venedig, Italien

Sydney, Australien

paletti

Liebe Eltern,

unsere Kinder sollten so viel wie möglich über die Welt, in der wir leben, erfahren. Jedes Land, unabhängig von seiner Größe oder der Hautfarbe, Sprache oder Religion seiner Bewohner, trägt zur faszinierenden Vielfalt dieser Welt bei. Dieser Atlas vermittelt die wichtigsten Informationen über alle Länder der Erde: geographische Gegebenheiten, Bevölkerungszahlen, Währung, wichtigste Wirtschaftsfaktoren, Sprache und wie man dort „hallo" sagt. Zu jedem größeren Land gibt es außerdem ein „Spezialitäten"-Feld, das mehr Wissenswertes über Land und Leute verrät. Der farbige Streifen am oberen Rand jeder Seite verweist auf die Weltkarte im Buchdeckel, sodass man dort mühelos herausfinden kann, wo das Land, über das man gerade liest, eigentlich liegt.

Originaltitel: My Picture Atlas

Text: Roger Priddy
Übersetzung und Satz: Gundula Müller-Wallraf
Redaktion: Carla Scheunemann
Herstellung: Tara Tobias Moritzen
Umschlaggestaltung: Gordian Jenal
Bildnachweis Cover: Wissen Media Verlag GmbH

Printed in Malaysia
ISBN: 3-8336-0286-4
www.paletti-verlag.de

Inhalt

Nordamerika

Südamerika

Afrika

Afrika

Europa

Asien

Australien und Ozeanien

Fakten

Die Kontinente

Asien – 43.611.165 km^2
Afrika – 30.335.065 km^2
Nordamerika – 25.343.035 km^2
Südamerika – 17.834.660 km^2
Antarktis – 13.985.935 km^2
Europa – 10.498.020 km^2
Australien und Ozeanien – 8.923.020 km^2

Die größten Meere

1 Pazifischer Ozean – 165.339.660 km^2
2 Atlantischer Ozean – 82.195.860 km^2
3 Indischer Ozean – 73.462.420 km^2

Die längsten Flüsse

1 Nil (Afrika) – 6.670 km
2 Amazonas (Südamerika) – 6.440 km
3 Jangtsekiang (Asien) – 6.300 km

Die höchsten Berge

1 Mt. Everest (Nepal – China) – 8.848 m
2 K 2 (Pakistan – China) – 8.610 m
3 Kangchenjunga (Nepal) – 8.586 m

Der größte See

Kaspisches Meer (Asien) – 370.900 km^2

Die größte Insel

Australien – 7.617.930 km^2

Der höchste Wasserfall

Salto Angel (Venezuela) – 979 m

Arktis

Die Arktis ist eigentlich kein Land, sondern ein riesiges Gebiet, das zu Russland, Alaska, Kanada, Skandinavien und Island gehört. Es gibt nur wenig festes Land unter der gewaltigen Eisplatte, die den größten Teil der Arktis bedeckt. Im Sommer ist die Eisschicht vom Meer umgeben. Im Winter dehnt sie sich bis zum Festland der umliegenden Länder aus.

Walross

Männliche Eisbären werden bis zu drei Meter lang. Damit sind sie die größten Raubtiere der Welt.

Eine dicke Fettschicht unter dem Fell schützt den Seehund im eiskalten Wasser.

Das Fell des Polarfuchses ist im Winter weiß und im Sommer braun.

Im Sommer lösen sich große Eisbrocken von der arktischen Eisplatte.

Spezialitäten

Inuit
Die Ureinwohner der Arktis sind auch als „Eskimos" bekannt.

Nordpol
Der nördlichste Punkt der Erde, entdeckt 1909 von dem amerikanischen Forscher Robert Peary.

Tierwanderung
Rentiere legen auf dem Weg zwischen Sommer- und Winterweidegründen weite Strecken zurück.

Kanada

Kanada ist ein sehr großes, aber dünn besiedeltes Land. Der kalte Norden besteht vor allem aus Wildnis, Gebirgen und Sümpfen, sodass die meisten Leute lieber in den großen Städten entlang der Grenze zu den USA leben. Kanada verfügt über große Mengen an Bodenschätzen und natürlichen Rohstoffen, vor allem Öl und Holz. In Kanada gibt es mehr Seen und Flüsse als irgendwo sonst auf der Welt. Sie sind wichtige Transportwege (der St. Lawrence Seaway, der die großen kanadischen Seen mit dem Atlantik verbindet, ist die längste Binnenschifffahrtsstraße der Welt) und Erholungsgebiete. Die ersten Siedler in Kanada waren Engländer und Franzosen und bis heute sprechen die Kanadier, je nach Region, sowohl Englisch als auch Französisch.

Eisbären

Totempfahl

Vor der kanadischen Küste kann man Wale sehen.

Mit 553 Metern Höhe ist der CN-Tower in Toronto der höchste Turm der Welt.

Im Herbst färben sich die Ahornbäume bunt. Das Ahornblatt ist das Wahrzeichen Kanadas.

Die weiten Prärien Westkanadas werden zum Getreideanbau genutzt.

Gefällte Bäume lässt man einfach auf den Flüssen treiben, um sie zu transportieren.

Spezialitäten

Niagarafälle
Der kanadische Teil der Niagarafälle heißt „Horseshoe Falls". Er ist etwas höher als der amerikanische Teil.

Ahornsirup
Der süße Ahornsirup wird aus dem Saft des Zuckerahorns hergestellt.

Inuit
Die Ureinwohner Nordkanadas leben vom Fischfang und der Jagd auf Robben, Wale und Karibus.

Bären
Im Westen gibt es Grislis, im Osten Schwarz- und im Norden Eisbären.

Mounties
Die „königlich kanadische berittene (engl. „mounted", daher der Name) Polizei" wurde 1873 gegründet. Ihre schicke rote Uniform ist auf der ganzen Welt bekannt.

Eishockey
Eishockey ist die beliebteste Sportart in Kanada. Einige der besten Eishockeyspieler der Welt stammen von hier.

Einwohner:	**31,3 Millionen**
Geld:	**Kanadischer Dollar**
Sprache:	**Englisch/Französisch**
Begrüßung:	**Hello/Bonjour**
Aussprache:	**häl-lo/bohn-SCHUR**

Vereinigte Staaten von Amerika (USA)

Die Vereinigten Staaten von Amerika entstanden durch den Zusammenschluss von 50 kleineren Staaten und sind das viertgrößte Land der Welt. Die vielseitige Landschaft reicht von endlosen, grasbewachsenen Ebenen über große Waldgebiete und Gebirge bis hin zu kargen Wüsten. Der natürliche Reichtum des Landes – fruchtbare Gebiete zum Anbau von Weizen, weite Prärien zum Weiden von Tieren und Bodenschätze wie Öl, Erdgas oder Kohle – hat die USA zur größten Wirtschaftsmacht der Welt werden lassen. Hier gibt es jede Art von moderner Industrie. Auch in der Unterhaltung spielen die USA eine Hauptrolle. Hollywood, ein Stadtteil von Los Angeles, gilt als Welthauptstadt des Films. Amerikanische Rock- und Popstars verkaufen Millionen von CDs und Fernsehserien aus den USA sind rund um den Erdball beliebt. All diese Dinge machen die USA zu einem sehr mächtigen und einflussreichen Land.

Mount Rushmore, South Dakota

Im Herbst färben sich die Wälder Neuenglands wunderschön bunt.

Die Freiheitsstatue bewacht den Eingang des Hafens von New York.

Der Yosemite-Nationalpark in Kalifornien gehört zu den schönsten Regionen der USA.

Der Puma ist im Westen der Vereinigten Staaten zu Hause.

In Florida werden Orangen und andere Zitrusfrüchte angebaut.

Die berühmte Golden Gate Bridge in San Francisco ist ein bedeutendes Baudenkmal.

Der einzigartige Grand Canyon in Arizona ist an einigen Stellen bis zu 1,5 km tief.

Im Weißen Haus in Washington wohnt und arbeitet der Präsident der Vereinigten Staaten.

Honolulu ist die Hauptstadt des Staates Hawaii, der mitten im Pazifischen Ozean liegt.

Die amerikanischen Staaten

Alabama

In Alabama gibt es sehr viele Wälder. Deshalb wird hier vor allem Papier und alles, was dazu gehört, hergestellt.

Arizona

In Arizona leben viele amerikanische Ureinwohner. Hier liegt der Grand Canyon und die Wüste ist bekannt für ihre Kakteen.

Arkansas

Hier werden vor allem Baumwolle, Reis und Sojabohnen angebaut. Im Hot Springs Nationalpark gibt es heiße Quellen.

Kalifornien

Kalifornien ist der Staat mit den meisten Einwohnern. Im Redwood-Nationalpark stehen die höchsten Bäume der Welt.

Mit mehr als elf Millionen Einwohnern ist Los Angeles die größte Stadt Kaliforniens.

Colorado

Die in Colorado gelegenen Rocky Mountains ziehen im Winter wie im Sommer viele Touristen an.

Connecticut

Hier werden unter anderem Flugzeuge, Hubschrauber und andere Militärgüter produziert.

Delaware

Hier ist die chemische Industrie der USA ansässig. Delaware ist berühmt für seine Meeresfrüchte.

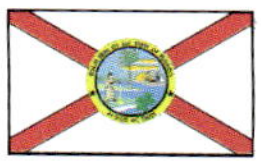

Florida

Der „Sonnenschein-Staat" zieht mit Vergnügungsparks wie Disney World viele Besucher an.

Georgia

Die Hauptstadt Atlanta ist die Heimat von Coca-Cola. Hier werden Erdnüsse angebaut.

Idaho

Nirgendwo in den USA wachsen so viele Kartoffeln wie hier.

Illinois

Der Sears-Tower in Chicago ist mit 442 Metern Höhe das höchste Gebäude der USA.

Die Stadt Chicago liegt am südlichen Ende des gewaltigen Michigansees.

Indiana

Indiana ist ein wichtiger Standort der pharmazeutischen Industrie in den Vereinigten Staaten.

Iowa

Iowa liegt im Mittleren Westen der USA. Hier werden viele Schweine gezüchtet.

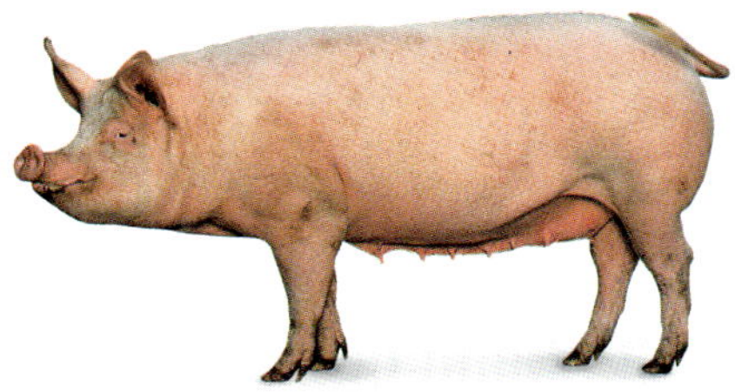

Kansas

Auf riesigen Feldern wird in Kansas Weizen angebaut, mehr als irgendwo sonst in den USA.

Kentucky

In Kentucky liegt das berühmte Fort Knox, das einbruchsichere zentrale Lager der gesamten amerikanischen Goldreserven.

Louisiana

In New Orleans wird alljährlich im Karneval der berühmte „Mardi Gras" gefeiert. Erdöl und -gas sind wichtige Grundlagen für die chemische Industrie.

New Orleans, die Hauptstadt des Staates Louisiana, ist für seine Jazzmusik berühmt.

Die amerikanischen Staaten

Maine

Der nordöstlichste Staat der USA ist berühmt für seine Hummer.

Geringelte Leuchttürme markieren gefährliche Stellen an der Küste von Maine.

Maryland

Maryland lebt vom Schiffbau und Fischfang. Bekannt sind auch die hiesigen Austern.

Massachusetts

Die Universität Harvard in der Nähe von Boston ist eine der bedeutendsten Hochschulen der Welt.

Michigan

Michigan liegt inmitten der Großen Seen. Weltberühmt ist auch die Autostadt Detroit.

Minnesota

Das ländliche Minnesota ist bekannt für seine besonders kalten Winter und Schneestürme.

Mississippi

Der größte Strom der USA, der Mississippi, bildet die natürliche Grenze dieses Staates.

Missouri

Die Stadt St. Louis am Fluss Missouri ist der größte Binnenhafen der USA.

Montana

Montana ist besonders reich an Bodenschätzen, z. B. Erdöl, Erdgas und Edelmetallen.

Nebraska

Im „Rindfleischstaat" werden vor allem Rinder gezüchtet.

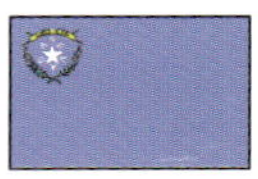

Nevada

Die in der Wüste gelegene Stadt Las Vegas gilt als Hauptstadt des Glücksspiels.

Die hell erleuchteten Hotels und Casinos von Las Vegas locken Besucher aus aller Welt.

New Hampshire

Der kleine Staat im Osten der USA ist für seine wunderschöne Landschaft berühmt.

New Jersey

New Jersey ist weltweit das Zentrum des Auberginenanbaus.

New Mexico

Das Wappentier des sonnigen Staates ist der Roadrunner.

New York

New York City ist die größte und berühmteste Stadt der USA.

Das Empire State Building ist nur einer von vielen Wolkenkratzern in New York City.

North Carolina

Der Staat ist einer der wichtigsten Tabakproduzenten des Landes.

North Dakota

Die Jagd auf Elche und Hirsche ist hier ein beliebter Zeitvertreib.

Ohio

Hier wird fast alles produziert, vom Flugzeugmotor bis zur Seife.

Oklahoma

Wirbelstürme, die so genannten Tornados, sind hier häufig.

Oregon

In Oregon kann man hervorragend Lachse fischen.

Die amerikanischen Staaten

Pennsylvania
Hier leben die Amish-People noch heute so wie vor 300 Jahren.

Rhode Island
Der beschauliche Küstenstaat ist mit Abstand der kleinste der Vereinigten Staaten.

South Carolina
Die Landwirtschaft in South Carolina produziert vor allem Tabak, Baumwolle und Mais.

In Villen wie dieser lebten früher in South Carolina die Besitzer der Baumwollplantagen.

South Dakota
Auf den weiten Ebenen South Dakotas werden vor allem Mais und Weizen angebaut.

Tennessee
Der Staat Tennessee ist als Heimat der Countrymusic bekannt.

Texas
Texas ist der Staat des Öls und der Rinderzucht.

Nirgendwo in den USA gibt es so viele Rinder wie in Texas.

Utah
Hier gibt es viele Bodenschätze, z. B. Kupfer, Gold und Silber.

Vermont
Besonders für Wintersportler ist Vermont ein beliebtes Reiseziel.

Virginia
Virginia wurde sehr früh von Europäern besiedelt.

Washington
Der „immergrüne Staat" an der Grenze zu Kanada lebt hauptsächlich vom Obstanbau.

West Virginia
West Virginia ist das Zentrum des amerikanischen Kohlebergbaus. Aber auch feines Glas wird hier hergestellt.

Wisconsin
Wisconsin ist der Milchstaat des Landes. Von hier kommen viele leckere Käsesorten.

Wisconsin ist auch für seine Preiselbeeren bekannt. Hier werden sie gewaschen.

Wyoming
Hier liegt der berühmte Yellowstone-Nationalpark mit seiner großartigen Landschaft.

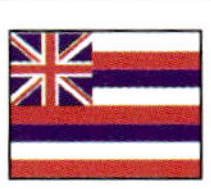

Hawaii

Hawaii besteht aus mehreren exotischen Inseln im Pazifik und ist ein beliebtes Reiseziel.

Alaska

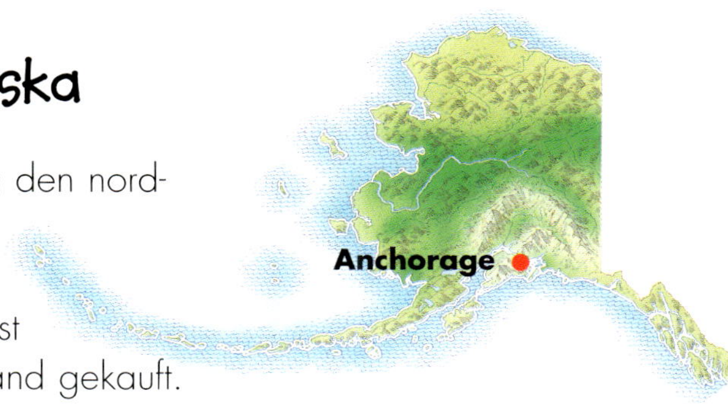

Alaska grenzt an den nordwestlichen Zipfel Kanadas. Das Gebiet wurde erst 1867 von Russland gekauft.

Spezialitäten

Die Verfassung
Die Vereinigten Staaten haben seit ihrer Gründung 1787 die gleiche demokratische Staatsform.

Hamburger

Ein Leibgericht der Amerikaner und dank einiger Restaurantketten auch der restlichen Welt.

Disney
Die von Walt Disney gegründete Firma gehört zu den größten der Welt und bringt seit über 60 Jahren Kinder und Erwachsene mit ihren Zeichentrickfilmen zum Lachen.

Raumfahrt
Die USA sind die führende Raumfahrtnation. Die ersten Menschen, die den Mond betraten, waren 1969 Amerikaner.

Silicon Valley
Das Gebiet in der Nähe von San Francisco (Kalifornien) ist das Zentrum der Computerindustrie.

Sport
Im amerikanischen Alltag spielt Sport eine große Rolle. Vor allem Football, Baseball und Basketball sind sehr beliebt.

Einwohner:	**289 Millionen**
Geld:	**US-Dollar**
Sprache:	**Englisch**
Begrüßung:	**Hello**
Aussprache:	**häl-lo**

Mexiko

Dieses große Land hat landschaftlich einiges zu bieten, von heißen, kargen Wüsten bis zu schneebedeckten Bergen. In den tropischen Urwäldern im Südosten leben Jaguare, Boas, Affen und unzählige exotische Vögel. Leider gibt es in Mexiko auch manchmal Erdbeben und Vulkanausbrüche. Im täglichen Leben der Mexikaner spielt Musik eine wichtige Rolle. Berühmt sind vor allem die so genannten Mariachi-Bands, die durch die Straßen ziehen und auf ihren Gitarren, Trompeten und Geigen spielen. Der „Tag der Toten" zur Erinnerung an die Verstorbenen ist nur eines von vielen farbenfrohen religiösen Festen, die in Mexiko gefeiert werden.

Aus dem Saft der Sapodilla-Bäume, die hier wachsen, wird Chiclegummi gewonnen. Daraus wird Kaugummi hergestellt.

In Celestún auf der Halbinsel Yucatán leben im Sommer Tausende von Flamingos.

Auf Yucatán liegt auch die geheimnisvolle Mayastadt Chichén Itzá.

Die mexikanische Hauptstadt Mexiko-Stadt ist eine der größten Städte der Welt.

Die alten Völker der Maya und Azteken bauten wunderbare Tempel im ganzen Land.

Der Ferienort Cancun an der Küste Yucatáns wird vor allem von Amerikanern besucht.

Mexikanisches Essen wie Chili, Burritos oder Fajitas ist auf der ganzen Welt beliebt.

Spezialitäten

Chili
Die kleinen roten und grünen Chilischoten sorgen dafür, dass mexikanisches Essen so scharf ist.

Chihuahua
Die kleinste Hunderasse der Welt. Manche Chihuahuas sind so klein, dass sie auf der Handfläche eines Erwachsenen stehen können.

Silber
Nirgendwo auf der Welt wird so viel Silber abgebaut wie in Mexiko.

Sombreros
Die riesigen Hüte mit dem breiten Rand schützen vor der Sonne.

Tequila
Der berühmte mexikanische Schnaps wird aus dem Saft der Agave hergestellt.

Einwohner:	**102 Millionen**
Geld:	**Mexikanischer Peso**
Sprache:	**Spanisch**
Begrüßung:	**Hola**
Aussprache:	**OH-la**

St. Kitts und Nevis

Die beiden winzigen vulkanischen Inseln leben vom Zuckerrohranbau und vom Tourismus.

Einwohner:	**38.800**
Geld:	**Ostkaribischer Dollar**
Sprache:	**Englisch**
Begrüßung:	**Hello**
Aussprache:	**häl-lo**

Dominica

Dominica ist eine gebirgige kleine Vulkaninsel mit üppigen Regenwäldern und beeindruckenden Wasserfällen.

Einwohner:	**70.200**
Geld:	**Ostkaribischer Dollar**
Sprache:	**Englisch**
Begrüßung:	**Hello**
Aussprache:	**häl-lo**

St. Lucia

Eine Vulkaninsel mit heißen Quellen. Hier wachsen Bananen und Kokosnüsse.

Einwohner:	**160.200**
Geld:	**Ostkaribischer Dollar**
Sprache:	**Englisch**
Begrüßung:	**Hello**
Aussprache:	**häl-lo**

St. Vincent und die Grenadinen

La Soufrière, der große Vulkan auf St. Vincent, ist noch aktiv. Die Grenadinen sind kleine Koralleninseln.

Einwohner:	**116.400**
Geld:	**Ostkaribische Dollar**
Sprache:	**Englisch**
Begrüßung:	**Hello**
Aussprache:	**häl-lo**

Grenada

Muskatnüsse

Auf der „Insel der Gewürze" werden Muskatnüsse und andere leckere Gewürze angebaut.

Einwohner:	**89.200**
Geld:	**Ostkaribischer Dollar**
Sprache:	**Englisch**
Begrüßung:	**Hello**
Aussprache:	**häl-lo**

Barbados

Die östlichste der karibischen Inseln war früher britische Kolonie. Heute ist sie ein beliebtes Ziel für Touristen.

Einwohner:	**269.000**
Geld:	**Barbados-Dollar**
Sprache:	**Englisch**
Begrüßung:	**Hello**
Aussprache:	**häl-lo**

Belize

Spezialitäten

Tauchen
Vor der Küste Belizes liegt das zweitgrößte Korallenriff der Welt.

Bauwerke der Maya
Die Ruinen von Lamanai stammen aus dem 16. Jahrhundert vor Christus.

Einwohner:	**236.000**
Geld:	**Belize-Dollar**
Sprache:	**Englisch**
Begrüßung:	**Hello**
Aussprache:	**häl-lo**

Tauchen

Das winzige Land besteht zur Hälfte aus Dschungel und Sümpfen. Im Urwald leben viele wilde Tiere, z. B. Jaguare oder Tukane.

Antigua und Barbuda

Spezialitäten

365 Strände
Hier gibt es für jeden Tag des Jahres einen Strand.

Einwohner:	**67.500**
Geld:	**Ostkaribischer Dollar**
Sprache:	**Englisch**
Begrüßung:	**Hello**
Aussprache:	**häl-lo**

Antigua ist eine recht hügelige Insel, deren höchster Punkt bei rund 500 Metern liegt. Barbuda dagegen ist eine flache Koralleninsel. Touristen besuchen die Inseln wegen ihrer Traumstrände.

Bahamas

Die Bahamas sind ein beliebtes Urlaubsziel.

Einwohner:	**312.000**
Geld:	**Bahama-Dollar**
Sprache:	**Englisch**
Begrüßung:	**Hello**
Ausssprache:	**häl-lo**

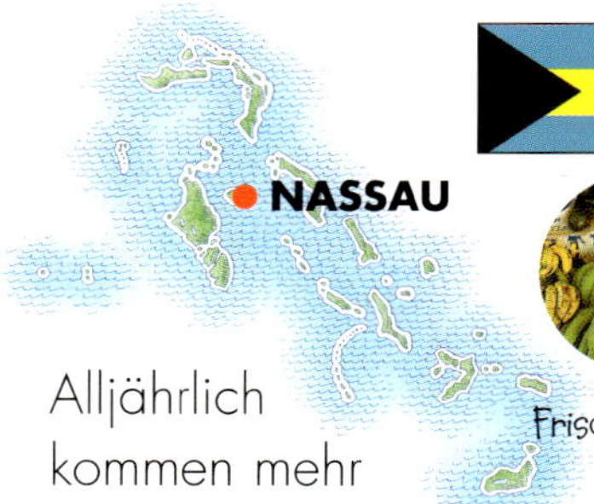

Frisches Obst

Alljährlich kommen mehr als 1,5 Millionen Touristen auf die Bahamas. Das liegt vor allem am warmen Klima und den 320 Sonnentagen im Jahr.

Trinidad und Tobago

Trinidad und Tobago sind hügelige, stark bewaldete Inseln. Trinidad ist dicht besiedelt. Entlang seiner Nordküste zieht sich eine recht hohe Gebirgskette. Das Land lebt vor allem vom Öl- und Erdgasexport. Nirgendwo in der Karibik wird so farbenfroh und ausgelassen Karneval gefeiert wie hier.

Die typische Calypsomusik wird auf Trommeln aus Ölfässern gespielt.

Einwohner:	**1,3 Millionen**
Geld:	**Trinidad-und-Tobago Dollar**
Sprache:	**Englisch**
Begrüßung:	**Hello**
Aussprache:	**häl-lo**

Dominikanische Republik

Mit weißen Sandstränden, waldreichen Bergen und seinem berühmten Karneval lockt das Land viele Touristen an. Die dominikanische Landwirtschaft produziert vor allem Zuckerrohr und Kaffee.

Dominikanische Kinder auf dem Weg zur Schule

Einwohner:	**8,6 Millionen**
Geld:	**Dominikanischer Peso**
Sprache:	**Spanisch**
Begrüßung:	**Hola**
Aussprache:	**OH-la**

Haiti

Haiti ist ein sehr armes Land. Die meisten Menschen hier sind Bauern, verdienen damit aber kaum genug, um davon zu leben. Angebaut wird vor allem Vetiver, eine Grasart, die zur Parfumherstellung verwendet wird. Bemerkenswert sind Haitis Naturhäfen.

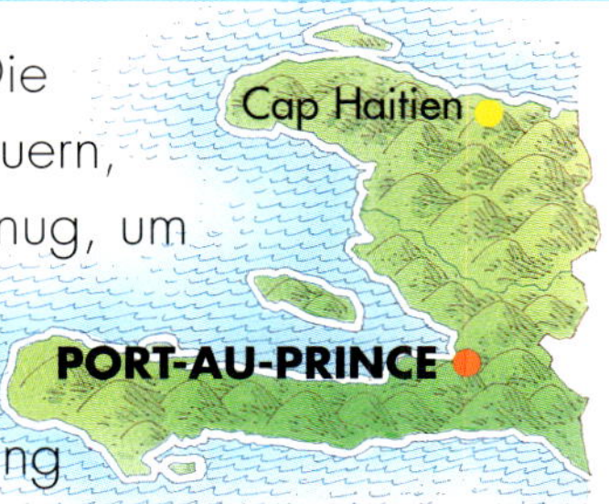

Parfum

In Haiti werden auch Baseball-Bälle hergestellt.

Einwohner:	**8,4 Millionen**
Geld:	**Gourde**
Sprache:	**Französisch**
Begrüßung:	**Bonjour**
Aussprache:	**bohn-SCHUR**

Costa Rica

Spezialitäten

Baseball-Bälle
Die Lederbälle werden hier von Hand genäht und in die USA exportiert.

Kaffee
Auf den großen Kaffeeplantagen wächst sehr guter Kaffee.

Einwohner:	**4,2 Millionen**
Geld:	**Costa-Rica-Colón**
Sprache:	**Spanisch**
Begrüßung:	**Hola**
Aussprache:	**OH-la**

Ein Tukan im Regenwald

Die Landschaft Costa Ricas ist ungeheuer vielseitig. Es gibt Strände und Sümpfe ebenso wie Berge und Regenwälder. Schon früh wurde das Land von „Ökotouristen", Menschen, die die Pflanzen- und Tierwelt im Regenwald kennen lernen möchten, entdeckt.

Kaffeepflanze

Panama

Die berühmten Panamahüte wurden ursprünglich von Kanalarbeitern aus Stroh geflochten.

Einwohner:	**2,8 Millionen**
Geld:	**Balboa**
Sprache:	**Spanisch**
Begrüßung:	**Hola**
Aussprache:	**OH-la**

Der Panamakanal verbindet den Atlantik mit dem Pazifik.

Panama ist die Grenze zwischen Mittel- und Südamerika. Der 1914 von den USA erbaute Panamakanal verbindet den Atlantik im Osten des amerikanischen Kontinents mit dem Pazifik im Westen. Das erspart den Schiffen den Tausende von Kilometern langen Weg um Südamerika herum.

Nicaragua

Spezialitäten

Kaffee
Aus nicaraguanischen Kaffeebohnen wird löslicher Kaffee gemacht.

Süßwasserhaie
Diese Fische leben im Nicaraguasee.

Einwohner:	**5,3 Millionen**
Geld:	**Córdoba**
Sprache:	**Spanisch**
Begrüßung:	**Hola**
Aussprache:	**OH-la**

Das größte Land Mittelamerikas wird auch als „Land der Seen und Vulkane" bezeichnet. Hier gibt es Regenwälder, Berge und fruchtbare Ebenen. Der 160 Kilometer lange Nicaraguasee, Heimat der weltweit einzigartigen Süßwasserhaie, ist der größte See in Mittelamerika. An der „Moskitoküste" gibt es so viele Mücken, dass hier kaum ein Mensch wohnen möchte.

Ein Vulkanausbruch

El Salvador

El Salvador ist ein kleines Land an der mittelamerikanischen Westküste. Die Asche der vielen Vulkane hat den Boden besonders fruchtbar gemacht, deshalb wird hier vor allem Kaffee, Zuckerrohr und Baumwolle angebaut. Ein weiterer wichtiger Wirtschaftszweig ist die Herstellung von Stoff und Kleidung. El Salvador fing schon früh damit an, die Hitze der noch aktiven Vulkane zur Energiegewinnung zu nutzen.

In El Salvador gibt es noch viele aktive Vulkane.

Einwohner:	**6,5 Millionen**
Geld:	**El-Salvador-Colón**
Sprache:	**Spanisch**
Begrüßung:	**Hola**
Aussprache:	**OH-la**

Honduras

Die meisten Bewohner von Honduras leben in kleinen Städtchen und Dörfern entlang der Küste oder in der Mitte des Landes, wo sie Mais für ihre Tortillas, Bananen und Kaffee anbauen. Der Name der Hauptstadt, Tegucigalpa, bedeutet „Silberhügel", weil hier im 16. Jahrhundert Silber entdeckt wurde. Auch noch heute wird in Honduras Silber abgebaut.

Bananen

Der Silberbergbau ist ein wichtiger Wirtschaftszweig des Landes.

Einwohner:	**6,7 Millionen**
Geld:	**Lempira**
Sprache:	**Spanisch**
Begrüßung:	**Hola**
Aussprache:	**OH-la**

Guatemala

Guatemala ist ein gebirgiges Land mit dichten Urwäldern und fruchtbaren Tälern. Hier fand man beeindruckende Maya-Bauwerke und Versteinerungen von Dinosauriern. Vulkanausbrüche, Erdbeben und Erdrutsche gehören in Guatemala fast zum täglichen Leben. Mehr als die Hälfte der Bevölkerung ist jünger als 15 Jahre.

Der wunderschöne Quetzal ist das Wappentier von Guatemala. Bei den Maya wurde der Vogel als heilig verehrt.

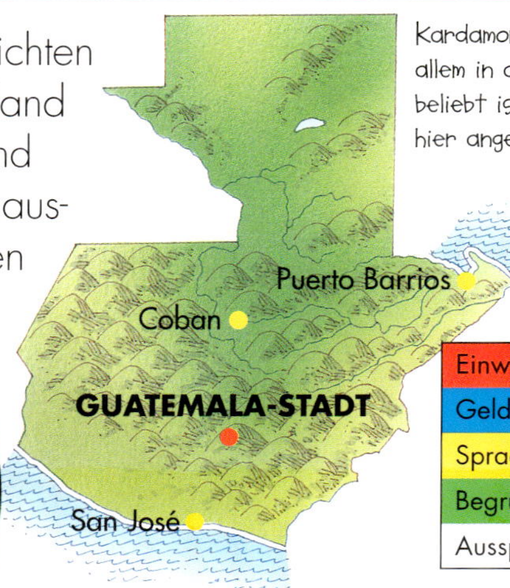

Kardamom, ein Gewürz, das vor allem in arabischen Ländern beliebt ist, wird hier angebaut.

Einwohner:	**12 Millionen**
Geld:	**Quetzal**
Sprache:	**Spanisch**
Begrüßung:	**Hola**
Aussprache:	**OH-la**

Kuba

Kuba ist das größte Land in der Karibik und seine Hauptstadt, Havanna, ist die größte Stadt dieser Region. Havanna ist berühmt für seine schönen alten Häuser, seine stimmungsvolle Musik und seine vielfältige Kultur. Landschaftlich ist Kuba größtenteils flach und grün. Die kubanischen Zigarren sind bei Genießern auf der ganzen Welt heiß begehrt.

Kuba ist die Heimat einiger seltener Kolibriarten.

In der kubanischen Hauptstadt Havanna stehen viele schöne Gebäude im spanischen Kolonialstil.

Viele Kubaner fahren amerikanische Autos aus den Fünfziger- und Sechzigerjahren.

Spezialitäten

Zigarren
Auf Kuba werden die berühmtesten und besten Zigarren der Welt hergestellt. Die Tabakblätter werden getrocknet und dann von Hand zu dicken Zigarren gerollt.

Der kleinste Vogel der Welt
Die Bienenelfe, eine Kolibriart, die es nur auf Kuba gibt, ist nur ungefähr doppelt so groß wie eine Biene.

Einwohner:	**11,3 Millionen**
Geld:	**Kubanischer Peso**
Sprache:	**Spanisch**
Begrüßung:	**Hola**
Aussprache:	**OH-la**

Jamaika

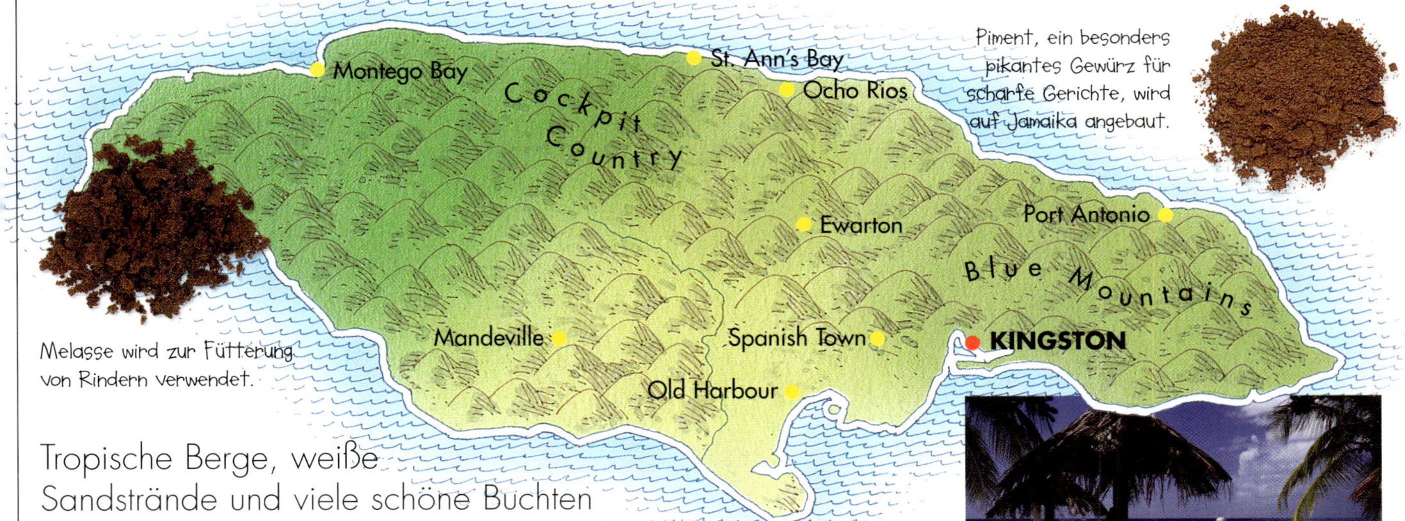

Melasse wird zur Fütterung von Rindern verwendet.

Piment, ein besonders pikantes Gewürz für scharfe Gerichte, wird auf Jamaika angebaut.

Tropische Berge, weiße Sandstrände und viele schöne Buchten bestimmen die Landschaft Jamaikas und machen die Insel zu einem beliebten Urlaubsziel. Wichtigster Industriezweig ist die Zuckerherstellung. Außerdem gibt es auf der Insel reiche Vorkommen an Bauxit, einem Mineral, das zur Herstellung von Aluminium benötigt wird. Der Kaffee, der in den Blue Mountains angebaut wird, gehört zu den besten der Welt.

Wegen seiner weißen Strände und des schönen Wetters ist Jamaika ein beliebtes Reiseziel.

Spezialitäten

Reggae
Die Lieblingsmusik der Jamaikaner wurde durch den Sänger Bob Marley auf der ganzen Welt berühmt.

Rum
Der typische Schnaps wird aus Zuckerrohr hergestellt und in Eichenfässern gelagert. So erhält er seine dunkle Farbe.

Einwohner:	**2,6 Millionen**
Geld:	**Jamaika-Dollar**
Sprache:	**Englisch**
Begrüßung:	**Hello**
Aussprache:	**häl-lo**

Brasilien

Das berühmte brasilianische Fußballtrikot

Der vom Aussterben bedrohte Hyazinth-Ara ist im Regenwald Brasiliens zu Hause.

Brasilien ist das fünftgrößte Land der Welt. Es erstreckt sich über halb Südamerika. Im Norden fließt der gewaltige Amazonas durch das Amazonasbecken. Dieser Teil des Landes ist von Regenwald bedeckt, dem größten der ganzen Erde. Der riesige Urwald ist die Heimat fast unendlich vieler verschiedener Pflanzen und Tiere. In Brasilien wird vor allem Kaffee, aber auch Kakao, der Rohstoff für Schokolade, angebaut. Brasiliens Hauptstadt heißt Brasília, die berühmteste Stadt des Landes ist Rio de Janeiro.

Der Amazonas-Regenwald ist eines der größten Urwaldgebiete auf der ganzen Welt.

Am Rand von Rio de Janeiro steht der berühmte Zuckerhut, ein Berg von etwa 400 Metern Höhe.

Spezialitäten

Fußball
Brasilien wurde schon fünfmal Fußballweltmeister.

Paranüsse
...leckere Nüsse mit einer sehr harten Schale.

Karneval
In Rio de Janeiro findet jedes Jahr ein fünftägiges Spektakel mit Umzügen, Musik und Tanz statt.

Einwohner:	**175 Millionen**
Geld:	**Real**
Sprache:	**Portugiesisch**
Begrüßung:	**Bom dia**
Aussprache:	**bon DI-ja**

Uruguay

In Uruguay kann man hervorragend Schafe und Rinder züchten. Das liegt vor allem an der Landschaft mit ihren sanften Hügeln und saftigen Wiesen und am warmen Klima. Deshalb lebt das kleine Land im Osten Südamerikas hauptsächlich vom Verkauf von Wolle, Rindfleisch und Leder und Rind gehört zu den Leibgerichten der Bewohner. In Uruguay leben die größten Vögel Südamerikas: die Nandus, riesige straußenähnliche Laufvögel.

Der Salvo-Palast ist das höchste Gebäude in Montevideo, der Hauptstadt Uruguays.

Einwohner:	**3,4 Millionen**
Geld:	**Uruguayanischer Peso**
Sprache:	**Spanisch**
Begrüßung:	**Hola**
Aussprache:	**OH-la**

Kolumbien

Als die Spanier Kolumbien 1499 entdeckten, waren sie vom Reichtum der Ureinwohner so beeindruckt, dass sie glaubten, das sagenhafte „El Dorado", die Stadt aus Gold, gefunden zu haben. Kolumbien wurde nach dem berühmten Seefahrer und Entdecker Christoph Kolumbus benannt.

Bogotá, die Hauptstadt Kolumbiens, besteht aus Wolkenkratzern und Wellblechhütten.

In Kolumbien werden jährlich mehr als eine Million Tonnen Kaffee geerntet.

Einwohner:	**43,5 Millionen**
Geld:	**Kolumbianischer Peso**
Sprache:	**Spanisch**
Begrüßung:	**Hola**
Aussprache:	**OH-la**

Chile

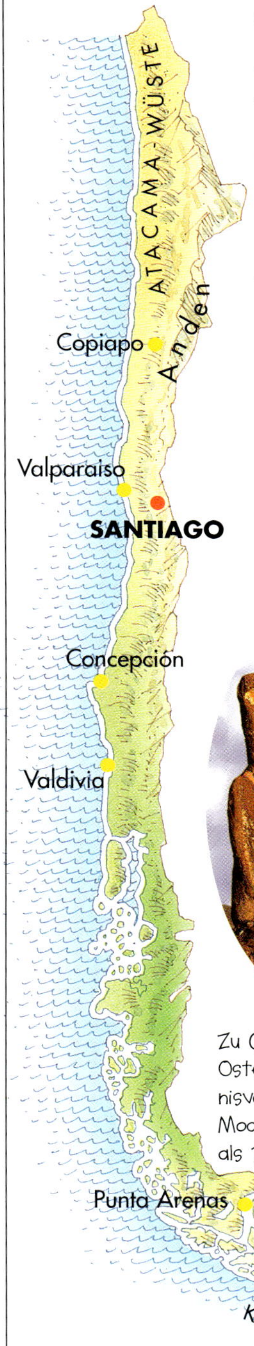

Chile ist ein lang gestrecktes, aber sehr schmales Land. Bei einer Länge von 3.400 km ist es nie breiter als 200 km. Es erstreckt sich über die gesamte südliche Hälfte der südamerikanischen Westküste. Im Osten wird Chile von den Gebirgszügen der Anden begrenzt. Südlich der Hauptstadt Santiago liegt ein sehr fruchtbares Gebiet, in dem fast die gesamte Nahrung des Landes angebaut wird. Die meisten Chilenen leben in der Hauptstadt oder in deren näherer Umgebung. Die Atacama-Wüste im Norden ist eine der wasserärmsten Regionen der Welt. An manchen Stellen hat es hier seit Menschengedenken nicht geregnet.

Zu Chile gehört auch die Osterinsel mit ihren geheimnisvollen Steinfiguren, den Moais. Die Insel liegt mehr als 3.000 km vom chilenischen Festland entfernt im Pazifik.

In Santiago, der chilenischen Hauptstadt, leben über fünf Millionen Menschen.

In den Anden im Osten des Landes gibt es noch viele aktive Vulkane.

Spezialitäten

Kupfer
In Chile gibt es mehr Kupfer als in jedem anderen Land der Welt.

Wein
Der Wein aus dem Süden Chiles ist auf der ganzen Welt beliebt.

Andenkondor
In den Anden lebt der größte flugfähige Vogel der Erde.

Einwohner:	**15,6 Millionen**
Geld:	**Chilenischer Peso**
Sprache:	**Spanisch**
Begrüßung:	**Hola**
Aussprache:	**OH-la**

Guyana

Guyana ist ein kleines Land mit einem tropischen Regenwald im Landesinneren. 90 % der Bewohner leben in den fruchtbaren Gegenden nahe der Küste.

Guyananische Briefmarke

Einwohner:	**765.000**
Geld:	**Guyana-Dollar**
Sprache:	**Englisch**
Begrüßung:	**Hello**
Aussprache:	**häl-lo**

Paraguay

Das Buschland „Gran Chaco" im Westen Paraguays nimmt mehr als die Hälfte des Landes ein. Deshalb leben die meisten Menschen im Osten. Dort bauen sie Baumwolle und Zuckerrohr an und züchten Rinder.

Einwohner:	**5,8 Millionen**
Geld:	**Guaraní**
Sprache:	**Spanisch**
Begrüßung:	**Hola**
Aussprache:	**OH-la**

Suriname

Die vielen Flüsse in Suriname sind wichtige Transportwege, denn das kleine Land im Norden Südamerikas besteht größtenteils aus Sümpfen und dichtem Urwald. Die Hälfte der Bevölkerung lebt in der Hauptstadt Paramaribo.

Einwohner:	**421.000**
Geld:	**Suriname-Dollar**
Sprache:	**Niederländisch**
Begrüßung:	**Goedendag**
Aussprache:	**gou-den-dahg**

Ecuador

Ecuador hat seinen Namen wegen seiner Lage am Äquator. Besonders berühmt sind die Galápagosinseln, denn hier leben einzigartige Tiere, z. B. Riesenschildkröten und Meerechsen.

Riesenschildkröte

Einwohner:	**13,1 Millionen**
Geld:	**US-Dollar**
Sprache:	**Spanisch**
Begrüßung:	**Hola**
Aussprache:	**OH-la**

Bolivien

Lama

Bolivien gehört zu den Andenstaaten. La Paz liegt auf einer Höhe von rund 4.000 Metern und ist damit die höchstgelegene Hauptstadt der Welt.

Einwohner:	**8,7 Millionen**
Geld:	**Boliviano**
Sprache:	**Spanisch**
Begrüßung:	**Hola**
Aussprache:	**OH-la**

Venezuela

Venezuela lebt vor allem von der Ölförderung. Der „Salto Angel" ist mit 737 Metern Höhe der höchste Wasserfall der Erde.

Caracas

Einwohner:	**25,1 Millionen**
Geld:	**Bolivar**
Sprache:	**Spanisch**
Begrüßung:	**Hola**
Aussprache:	**OH-la**

Peru

Wegen seiner vielen Inka-Stätten und seiner wunderbaren Landschaft ist Peru ein beliebtes Reiseziel. Der berühmte Titicacasee ist nicht nur der größte See Südamerikas, sondern auch der höchstgelegene, auf dem man Schiff fahren kann.

Markt in Peru

In Lima, der Hauptstadt Perus, gibt es viele beeindruckende Gebäude aus der Kolonialzeit.

Die Ruinen der alten Inkastadt Machu Picchu liegen hoch oben in den Anden.

Einwohner:	**26,5 Millionen**
Geld:	**Neuer Sol**
Sprache:	**Spanisch**
Begrüßung:	**Hola**
Aussprache:	**OH-la**

Argentinien

Argentinien ist für seine wunderschöne Landschaft berühmt. Auf den grünen Wiesen Patagoniens weiden riesige Schafherden, während auf den Pampas weiter nördlich Rinder grasen. Rindfleisch ist nicht nur das Leibgericht der Argentinier, sondern auch eines der wichtigsten Exportgüter. Im südlichsten Zipfel des Landes gibt es noch sehr viele aktive Vulkane. Deshalb heißt diese Region „Feuerland".

In Patagonien gibt es Pinguine.

Schon seit dem 19. Jahrhundert wird in Argentinien Polo gespielt.

Buenos Aires, die Hauptstadt Argentiniens, ist eine elegante, europäisch wirkende Metropole.

Der längste Gebirgszug der Welt, die Anden, bildet die natürliche Grenze zu Chile.

Spezialitäten

Fußball
Argentinien war schon zweimal Fußballweltmeister: 1978 und 1986.

Tango
Der berühmte Tanz erzählt Geschichten.

Gauchos
Die Cowboys der argentinischen Pampas heißen Gauchos.

Einwohner:	**37,9 Millionen**
Geld:	**Argentinischer Peso**
Sprache:	**Spanisch**
Begrüßung:	**Hola**
Aussprache:	**OH-la**

Ägypten

Die Landschaft Ägyptens wird von trockenen, sandigen Wüstengebieten, aber auch von den grünen, fruchtbaren Regionen des Niltals bestimmt. Mit seinen 6.670 km Länge ist der Nil der längste Fluss der Welt. Der Großteil der schnell wachsenden Bevölkerung Ägyptens lebt in der Nähe des Flusses. Er versorgt die Menschen mit Wasser für den Haushalt und die Landwirtschaft. Durch den Assuanstaudamm, der gebaut wurde, um den alljährlichen Überschwemmungen vorzubeugen, entstand an der Grenze zum Sudan der größte Stausee der Erde, der Nassersee. Er ist 480 km lang und 16 km breit. Berühmt ist Ägypten natürlich vor allem für seine einzigartigen, uralten Kulturschätze: die gewaltigen Pyramiden und die geheimnisvolle Sphinx in Giseh oder die vielen Tempel und Pharaonengräber im Tal der Könige in der Nähe von Luxor.

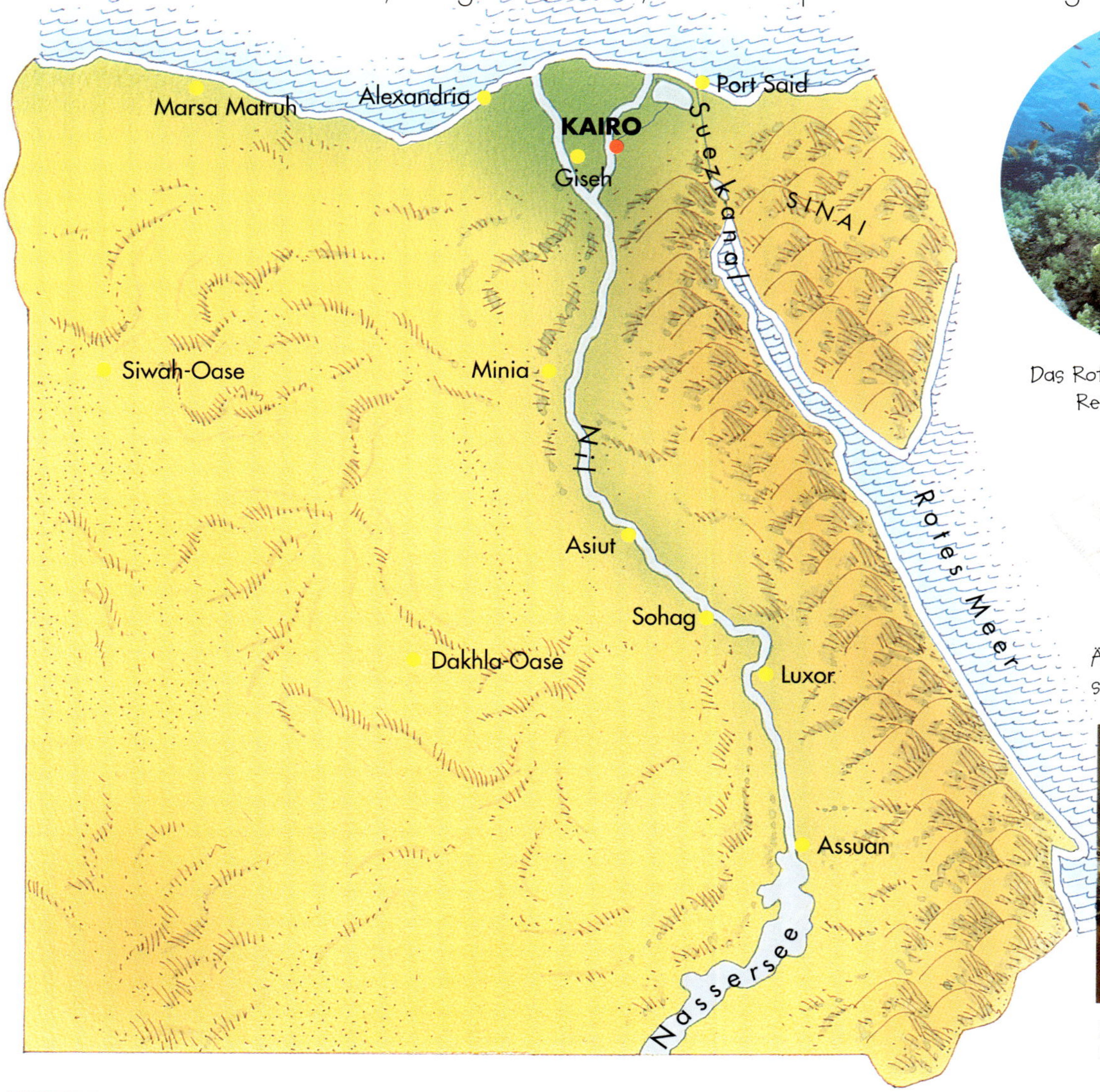

Das Rote Meer ist ein beliebtes Reiseziel für Taucher.

Ägypten ist berühmt für seine schönen Baumwollstoffe.

Dieser Mann verkauft erfrischenden Pfefferminztee.

Spezialitäten

Die alten Ägypter
Schon vor 5.000 Jahren gab es hier unter der Herrschaft der Pharaonen eine hoch entwickelte Kultur.

Tutanchamun
Das mit unermesslichen Schätzen gefüllte Grab des jungen Pharaos wurde 1922 entdeckt.

Tal der Könige
In der Nähe von Luxor wurden viele Pharaonen in prachtvollen Gräbern bestattet.

Suezkanal
Mehr als 10.000 Schiffe passieren diese wichtige Wasserstraße zwischen Rotem Meer und Mittelmeer jährlich.

Nil
... der längste Fluss der Welt

Berg Sinai
Hier soll Moses die Zehn Gebote empfangen haben.

Einwohner:	**70,3 Millionen**
Geld:	**Ägyptisches Pfund**
Sprache:	**Arabisch**
Begrüßung:	**Salaam a'alaykum**
Aussprache:	**sa-LAHM a a-LAI-kum**

Die berühmten Pyramiden von Giseh wurden um 2.500 vor Christus erbaut.

Mit über 14,5 Millionen Einwohnern ist Kairo die größte Stadt Afrikas.

Die geheimnisvolle Sphinx sollte wohl die Pharaonengräber in Giseh bewachen.

Marokko

In Marokko gibt es Wüsten, schneebedeckte Berge und weiße, von Touristen bevölkerte Strände. Die alten arabischen Städte Fes und Marrakesch erinnern mit ihren engen Gassen und farbenfrohen Märkten an die Märchen aus 1001 Nacht.

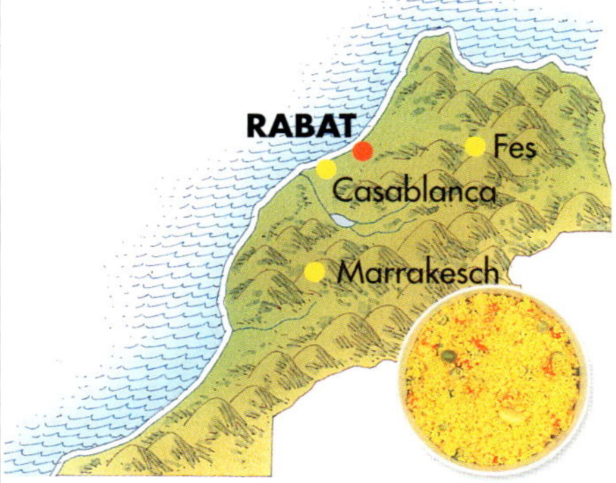

Couscous ist ein traditionelles marokkanisches Gericht und wird aus Weizengrieß hergestellt.

In Marokko werden Kleidung und Stoffe häufig mit prachtvollen Mustern bestickt.

Im Osten und Südosten grenzt Marokko an die riesige Saharawüste.

Einwohner:	**31 Millionen**
Geld:	**Marokkanischer Dirham**
Sprache:	**Arabisch**
Begrüßung:	**Salaam a'alaykum**
Aussprache:	**sa-LAHM a a-LAI-kum**

Tschad

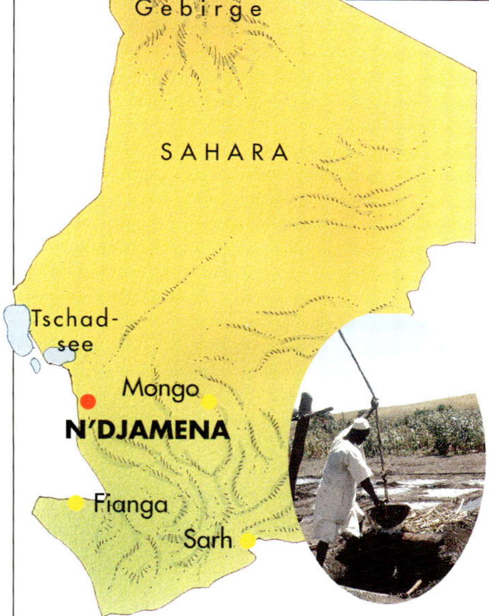

In diesem trockenen Land ist Wasser kostbar.

In der Wüste und den Steppen im Norden des Tschad ist es das ganze Jahr über sehr heiß. Deshalb leben die meisten Menschen im tropischen Süden. Der einst riesige Tschadsee wird ständig kleiner, weil die Bewohner sein Wasser wegen der anhaltenden Dürre zur Bewässerung ihrer Felder benötigen.

Der Tschad ist eines der trockensten und ärmsten Länder Afrikas.

Einwohner:	**8,4 Millionen**
Geld:	**CFA-Franc**
Sprache:	**Arabisch**
Begrüßung:	**Salaam a'alaykum**
Aussprache:	**sa-LAHM a a-LAI-kum**

Algerien

Die meisten Bewohner Algeriens leben auf dem schmalen Landstreifen entlang der Mittelmeerküste. Der Rest des Landes ist Wüste: die riesige Sahara, unter deren Oberfläche sich reiche Vorkommen an Erdöl befinden.

Felsformationen in der Nähe des Hoggargebirges im Süden Algeriens.

Die Tuareg, ein Nomadenstamm, der in der Sahara lebt, ziehen auf Kamelen umher.

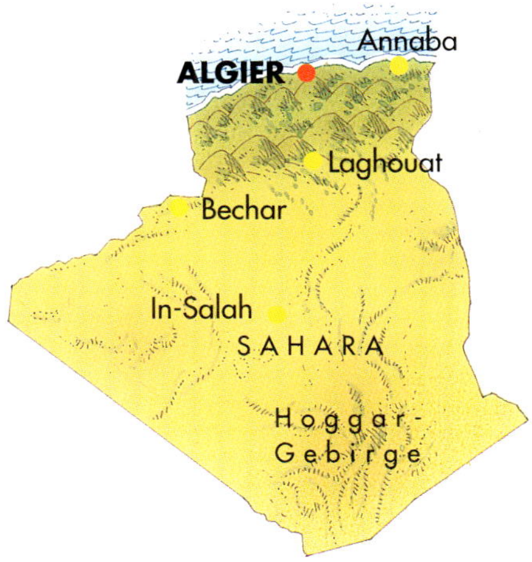

Einwohner:	**31,4 Millionen**
Geld:	**Algerischer Dinar**
Sprache:	**Arabisch**
Begrüßung:	**Salaam a'alaykum**
Aussprache:	**sa-LAHM a a-LAI-kum**

Libyen

Von der Fläche her ist Libyen eines der größten Länder Afrikas, aber es besteht hauptsächlich aus Wüste. Nur in den Oasen, wo das Grundwasser an die Erdoberfläche tritt, ist es grün. Hier werden Datteln, Oliven, Pfirsiche und Trauben angebaut.

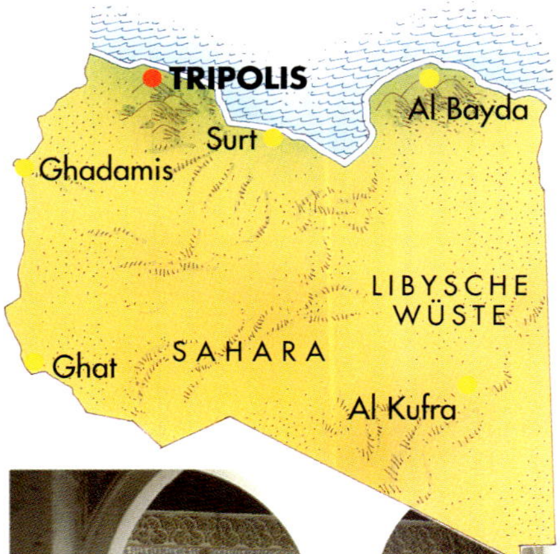

Das Innere vieler libyscher Moscheen ist mit prachtvollen Mosaiken verziert.

Die alte Römerstadt Leptis Magna liegt östlich der libyschen Hauptstadt Tripolis.

Einwohner:	**5,5 Millionen**
Geld:	**Libyscher Dinar**
Sprache:	**Arabisch**
Begrüßung:	**Salaam a'alaykum**
Aussprache:	**sa-LAHM a a-LAI-kum**

Mauretanien

Mauretanien ist nur sehr dünn besiedelt. Das liegt daran, dass schon heute zwei Drittel des Landes Wüste sind. Wegen der Rinderherden, die die Wiesen der Sahelzone im Süden abgrasen, wächst die Wüste ständig weiter. Die Einwohner Mauretaniens sind Nomaden, die mit ihren Ziegen-, Schaf-, Kamel- und Rinderherden umherziehen.

Die Nomaden Mauretaniens leben in sehr großen Familien zusammen.

Der Chech, die traditionelle Kopfbedeckung der Mauretanier, schützt vor Sonne und Wind.

Einwohner:	**2,8 Millionen**
Geld:	**Ouguiya**
Sprache:	**Arabisch**
Begrüßung:	**Salaam a'alaykum**
Aussprache:	**sa-LAHM a a-LAI-kum**

Niger

Die Bevölkerung von Niger setzt sich aus vielen verschiedenen Stämmen zusammen. Im Norden ziehen die Tuareg durch die Wüste. Im Süden, wo es häufiger regnet, betreiben die Menschen Landwirtschaft und bauen Erdnüsse, Baumwolle, Reis und Gemüse an.

Tontöpfe werden zum Brennofen getragen.

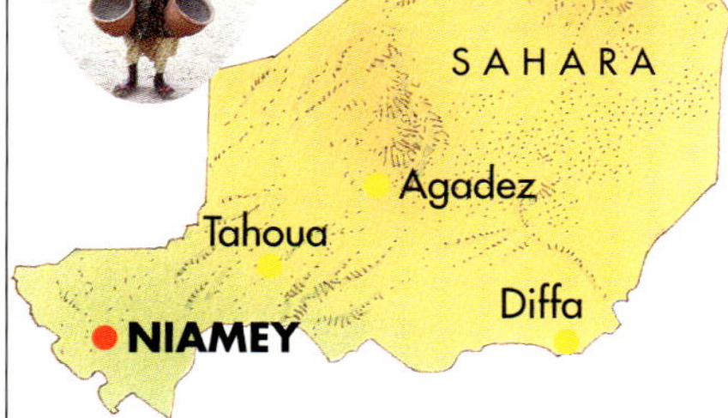

Agadez ist die wichtigste Wüstenstadt im Niger. Das hohe Gebäude ist ein Kornspeicher.

Auf den Märkten der größeren Städte des Niger werden Kamele verkauft.

Einwohner:	**11,6 Millionen**
Geld:	**CFA-Franc**
Sprache:	**Französisch**
Begrüßung:	**Bonjour**
Aussprache:	**bohn-SCHUR**

Sudan

Der Sudan ist das größte Land Afrikas. Im Norden herrscht heißes Wüstenklima, im Süden ist es eher feucht und tropisch. Der Nil versorgt das Land mit Wasser. Im Sudan leben Angehörige vieler verschiedener Stämme und Volksgruppen. Ganz grob kann man das Land aber in zwei Hälften teilen: den arabischen Norden und den afrikanischen Süden. Im Sudan wird eine spezielle Harzart, das so genannte Gummiarabikum, gewonnen, das bei der Herstellung von Getränken und Süßigkeiten verwendet wird.

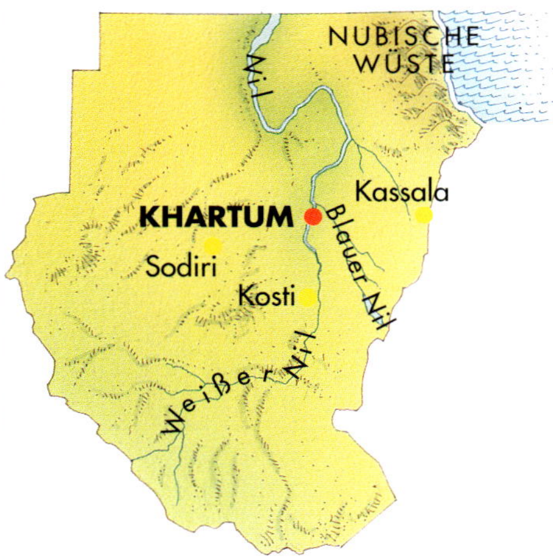

Gummiarabikum wird aus der Rinde von Akazienbäumen gewonnen, die hier gepflanzt werden.

Einwohner:	**32,6 Millionen**
Geld:	**Sudanesischer Dinar**
Sprache:	**Arabisch**
Begrüßung:	**Salaam a'alaykum**
Aussprache:	**sa-LAHM a a-LAI-kum**

Tunesien

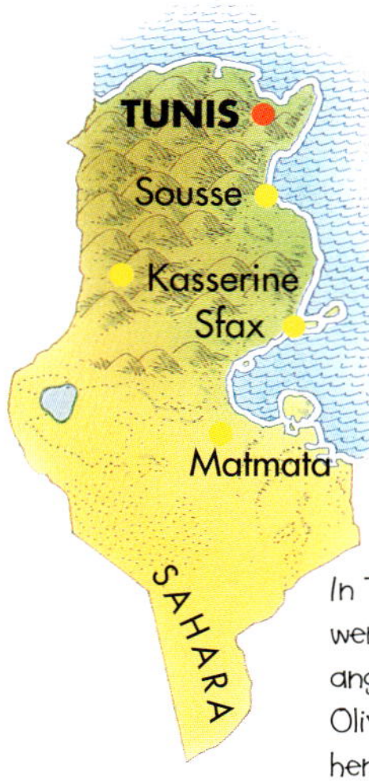

In Tunesien werden Oliven angebaut und Olivenöl hergestellt.

Tunesien erstreckt sich zwischen den östlichen Ausläufern des Atlasgebirges im Norden, der Mittelmeerküste und der Sahara im Süden. Wichtigstes landwirtschaftliches Erzeugnis sind Oliven. Tunesisches Olivenöl gilt als besonders gut. Aber auch Tomaten, Datteln und Orangen werden hier angebaut. Jahr für Jahr reisen Tausende von Touristen, vor allem aus Frankreich und anderen Teilen Südeuropas, für den Urlaub in das schöne Land.

Auch in Tunesien gibt es in vielen Städten traditionelle arabische Märkte.

Einwohner:	**9,7 Millionen**
Geld:	**Tunesischer Dinar**
Sprache:	**Arabisch**
Begrüßung:	**Salaam a'alaykum**
Aussprache:	**sa-LAHM a a-LAI-kum**

Äthiopien

Äthiopiens wichtigste Einnahmequelle ist der Handel mit Kaffee, der auf Plantagen im Hochland angebaut wird. Einige der besten Langstreckenläufer der Welt stammen aus diesem bevölkerungsreichen Land.

Einwohner:	**66 Millionen**
Geld:	**Birr**
Sprache:	**Amharisch**
Begrüßung:	**Tadias**
Aussprache:	**ta-di-jas**

Eritrea

Eritrea bedeutet „rot". Das Land heißt so, weil es direkt am Roten Meer liegt. Eritrea ist ein sehr armes Land. Der Großteil der Bevölkerung betreibt ein wenig Landwirtschaft oder zieht mit kleinen Viehherden umher.

Einwohner:	**4 Millionen**
Geld:	**Nakfa**
Sprache:	**Tigrinya**
Begrüßung:	**Selam**
Aussprache:	**sa-la-am**

Somalia

Alt-Mogadischu

Somalia liegt auf dem östlichsten Zipfel Afrikas, der sich in den Indischen Ozean erstreckt und so den Golf von Aden abtrennt. Seit Jahren leidet die Bevölkerung unter Hunger und Bürgerkrieg.

Einwohner:	**9,6 Millionen**
Geld:	**Somalia-Schilling**
Sprache:	**Arabisch**
Begrüßung:	**Salaam a'alaykum**
Aussprache:	**sa-LAHM a a-LAI-kum**

Dschibuti

Dschibuti liegt an der Einmündung des Roten Meeres in den Golf von Aden und damit den Indischen Ozean. Deshalb ist die Hauptstadt Dschibuti auch ein wichtiger Hafen.

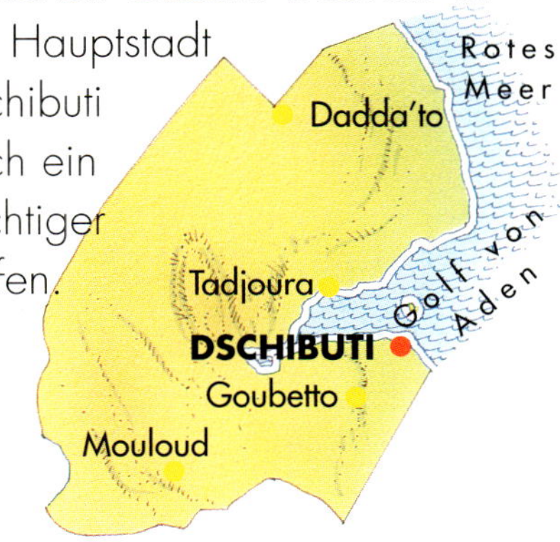

Einwohner:	**652.000**
Geld:	**Dschibuti-Franc**
Sprache:	**Arabisch**
Begrüßung:	**Salaam a'alaykum**
Aussprache:	**sa-LAHM a a-LAI-kum**

Mali

Mali ist ein Wüstenstaat, in dem es immer sehr heiß ist. Der Niger versorgt die Menschen hier mit Wasser.

Einwohner:	**12 Millionen**
Geld:	**CFA-Franc**
Sprache:	**Französisch**
Begrüßung:	**Bonjour**
Aussprache:	**bohn-SCHUR**

Senegal

Die meisten Bewohner leben von der Landwirtschaft. Angebaut werden hier vor allem Erdnüsse.

Einwohner:	**9,9 Millionen**
Geld:	**CFA-Franc**
Sprache:	**Französisch**
Begrüßung:	**Bonjour**
Aussprache:	**bohn-SCHUR**

Gambia

Der Fluss, von dem der kleine Staat in Westafrika seinen Namen hat, ist Nahrungsquelle und Transportweg.

Einwohner:	**1,4 Millionen**
Geld:	**Dalasi**
Sprache:	**Englisch**
Begrüßung:	**Hello**
Aussprache:	**häl-lo**

Guinea-Bissau

Guinea-Bissau ist ein sehr wasserreiches Land mit vielen Inseln. In erster Linie werden hier Nüsse angebaut.

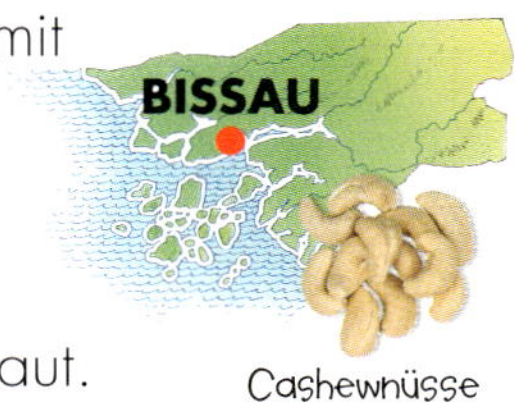

Einwohner:	**1,3 Millionen**
Geld:	**CFA-Franc**
Sprache:	**Portugiesisch**
Begrüßung:	**Bom dia**
Aussprache:	**bon DI-ja**

Guinea

In Guinea ist es extrem heiß und feucht. Das kleine Land ist reich an Bodenschätzen: Hier gibt es Gold, Diamanten und Bauxit.

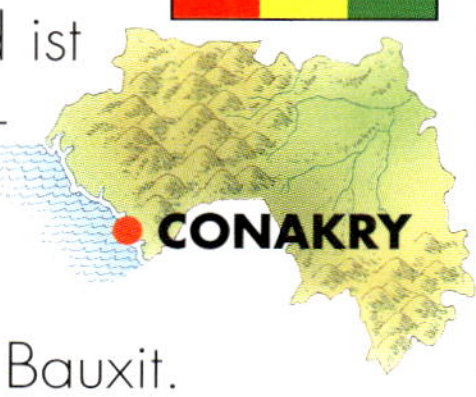

Einwohner:	**8,4 Millionen**
Geld:	**Guinea-Franc**
Sprache:	**Französisch**
Begrüßung:	**Bonjour**
Aussprache:	**bohn-SCHUR**

Sierra Leone

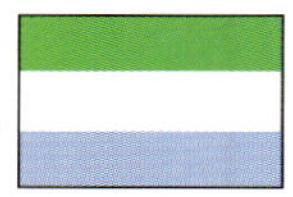

Im tropischen Sierra Leone werden vor allem Diamanten für die Industrie abgebaut und exportiert.

Einwohner:	**4,8 Millionen**
Geld:	**Leone**
Sprache:	**Englisch**
Begrüßung:	**Hello**
Aussprache:	**häl-lo**

Liberia

In den dichten tropischen Urwäldern Liberias wachsen wertvolle Mahagoni- und Kautschukbäume.

Einwohner:	**3,3 Millionen**
Geld:	**Liberianischer Dollar**
Sprache:	**Englisch**
Begrüßung:	**Hello**
Aussprache:	**häl-lo**

São Tomé und Príncipe

Das Land besteht aus zwei winzigen, stark bewaldeten Vulkaninseln. Hier gibt es unzählige Kanarienvögel und Papageien.

Einwohner:	**170.400**
Geld:	**Dobra**
Sprache:	**Portugiesisch**
Begrüßung:	**Bom dia**
Aussprache:	**bon DI-ja**

Burkina Faso

Der kleine Binnenstaat Burkina Faso lebt vor allem vom Anbau und Export von Gold und Baumwolle.

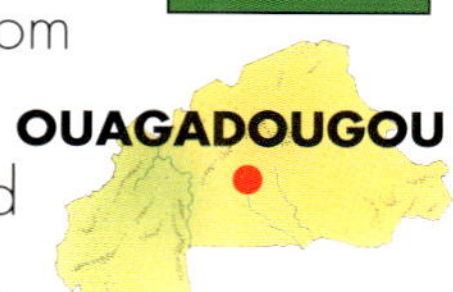

Einwohner:	**12,2 Millionen**
Geld:	**CFA-Franc**
Sprache:	**Französisch**
Begrüßung:	**Bonjour**
Aussprache:	**bohn-SCHUR**

Ghana

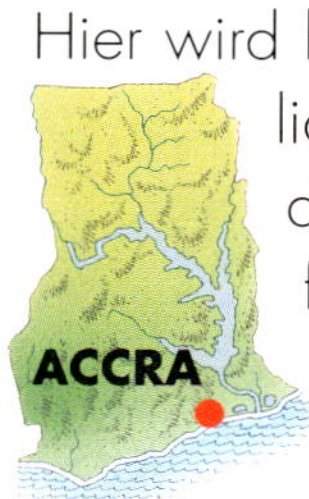

Hier wird hauptsächlich Kakao, der Rohstoff für Schokolade, angebaut.

Einwohner:	**20,22 Millionen**
Geld:	**Cedi**
Sprache:	**Englisch**
Begrüßung:	**Hello**
Aussprache:	**häl-lo**

Togo

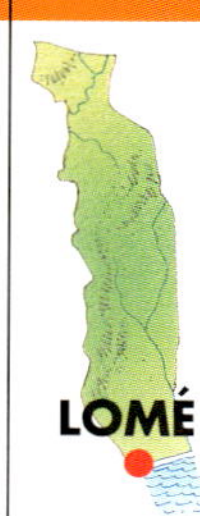

In Togo wird Phosphat abgebaut, ein Bodenschatz, der z. B. bei der Herstellung von Cola benötigt wird.

Einwohner:	**4,8 Millionen**
Geld:	**CFA-Franc**
Sprache:	**Französisch**
Begrüßung:	**Bonjour**
Aussprache:	**bohn-SCHUR**

Benin

In Benin gibt es mehrere Nationalparks, in denen Antilopen, Löwen und Panther leben.

Einwohner:	**6,6 Millionen**
Geld:	**CFA-Franc**
Sprache:	**Französisch**
Begrüßung:	**Bonjour**
Aussprache:	**bohn-SCHUR**

Äquatorialguinea

Äquatorialguinea besteht aus Rio Muni auf dem Festland, der fruchtbaren grünen Insel Bioco und vier weiteren, winzig kleinen Inseln. Hier wachsen Kakaobohnen, Gemüse, wie z. B. Süßkartoffeln, und Mahagonibäume.

Süßkartoffeln

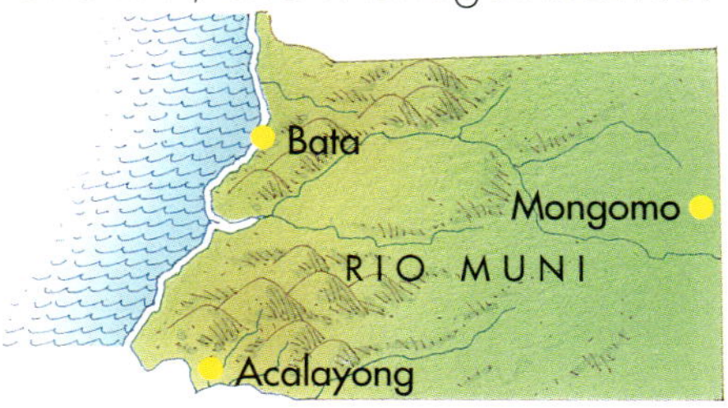

Einwohner:	**483.000**
Geld:	**CFA-Franc**
Sprache:	**Spanisch**
Begrüßung:	**Hola**
Aussprache:	**OH-la**

Kamerun

Löwe

Im tropischen Regenwald Kameruns sind die verschiedensten Arten von Affen, Vögeln und Schlangen zu Hause und auf den trockenen Savannen im Süden des Landes streifen große Wildtiere wie Löwen, Elefanten und Antilopen umher.

Einwohner:	**15,5 Millionen**
Geld:	**CFA-Franc**
Sprache:	**Englisch**
Begrüßung:	**Hello**
Aussprache:	**häl-lo**

Zentralafrikanische Republik

In diesem kleinen Binnenstaat leben unter anderem die Pygmäen, ein Volksstamm, dessen Angehörige kaum größer als einen Meter werden. Auf den bewaldeten Hügeln des Landes gibt es noch Gorillas – eine Seltenheit!

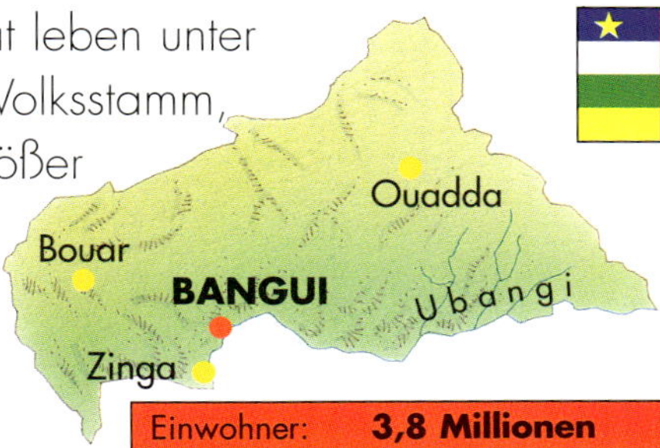

Ein Fischer auf dem Ubangi-Fluss

Einwohner:	**3,8 Millionen**
Geld:	**CFA-Franc**
Sprache:	**Französisch**
Begrüßung:	**Bonjour**
Aussprache:	**bohn-SCHUR**

Côte d'Ivoire (Elfenbeinküste)

Die ehemalige französische Kolonie Côte d'Ivoire, zu Deutsch Elfenbeinküste, ist eines der größten Länder an der afrikanischen Westküste. Das feuchtwarme Klima eignet sich bestens für den Anbau von Kakaobohnen, und so kommt fast die Hälfte des Kakaos, der auf der Welt getrunken und zu Schokolade verarbeitet wird, von hier.

Schokolade

Kakaobohnen

Einwohner:	**16,7 Millionen**
Geld:	**CFA-Franc**
Sprache:	**Französisch**
Begrüßung:	**Bonjour**
Aussprache:	**bohn-SCHUR**

Gabun

Jenseits der Küste, im Landesinneren, gibt es in Gabun hauptsächlich Berge und Regenwald. Deshalb leben und arbeiten die meisten Menschen auch in den beiden Städten Libreville und Port-Gentil mit ihren großen Seehäfen. In Gabun gibt es außerdem Ölindustrie.

Gabun ist ein Land mit vielen Flüssen.

Einwohner:	**1,3 Millionen**
Geld:	**CFA-Franc**
Sprache:	**Französisch**
Begrüßung:	**Bonjour**
Aussprache:	**bohn-SCHUR**

Kap Verde

Bananen

Kap Verde besteht aus 15 vulkanischen Inseln vor der afrikanischen Westküste. Hier wachsen Bananen, fast alle anderen Lebensmittel jedoch müssen eingeführt werden.

Einwohner:	**446.000**
Geld:	**Kap-Verde-Escudo**
Sprache:	**Portugiesisch**
Begrüßung:	**Bom dia**
Aussprache:	**bon DI-ja**

Demokratische Republik Kongo

Die demokratische Republik Kongo ist wie ihr Nachbar im Westen nach dem gewaltigen Strom benannt, der das Land mit Wasser versorgt. Nach dem Nil ist der Kongo der zweitlängste Fluss Afrikas und der wichtigste Transportweg des Landes. In den Wäldern wimmelt es von Tieren. Unter anderem leben hier noch einige der vom Aussterben bedrohten, riesigen Berggorillas. Wichtigster Bodenschatz des Landes ist Kupfer, das z. B. zu Messing verarbeitet wird.

Ein Markt in Kinshasa

In den Wäldern des Kongobeckens gibt es noch einige der seltenen Berggorillas.

Eine Trompete aus Messing

Einwohner:	**54,3 Millionen**
Geld:	**Kongo-Franc**
Sprache:	**Französisch**
Begrüßung:	**Bonjour**
Aussprache:	**bohn-SCHUR**

Kongo

Im Kongo ist es sehr heiß und feucht. Das Land ist von Savanne und tropischen Wäldern bedeckt. Die meisten Menschen leben in den Städten, vor allem Pointe-Noire und der Hauptstadt Brazzaville.

Der Kongo

Einwohner:	**3,2 Millionen**
Geld:	**CFA-Franc**
Sprache:	**Französisch**
Begrüßung:	**Bonjour**
Aussprache:	**bohn-SCHUR**

Nigeria

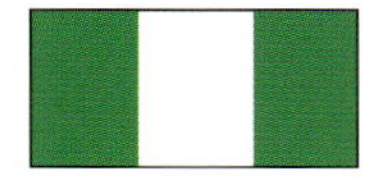

Nirgendwo sonst in Afrika leben so viele Menschen wie in Nigeria und hier werden 250 verschiedene Sprachen gesprochen. Ein Teil der Nigerianer lebt noch ganz traditionell nach den Bräuchen ihres jeweiligen Stammes, der andere wohnt in modernen Städten und arbeitet in der Ölindustrie. Das Öl, das in Nigeria gefördert wird, ist sehr sauber und eignet sich deshalb hervorragend für die Herstellung von Flugzeugtreibstoff. Überall in Nigeria ist es heiß. Während es in der Savanne im Norden aber kaum Niederschläge gibt, regnet es im Mündungsgebiet des Niger im Süden praktisch dauernd.

Traditionelle nigerianische Kleidung

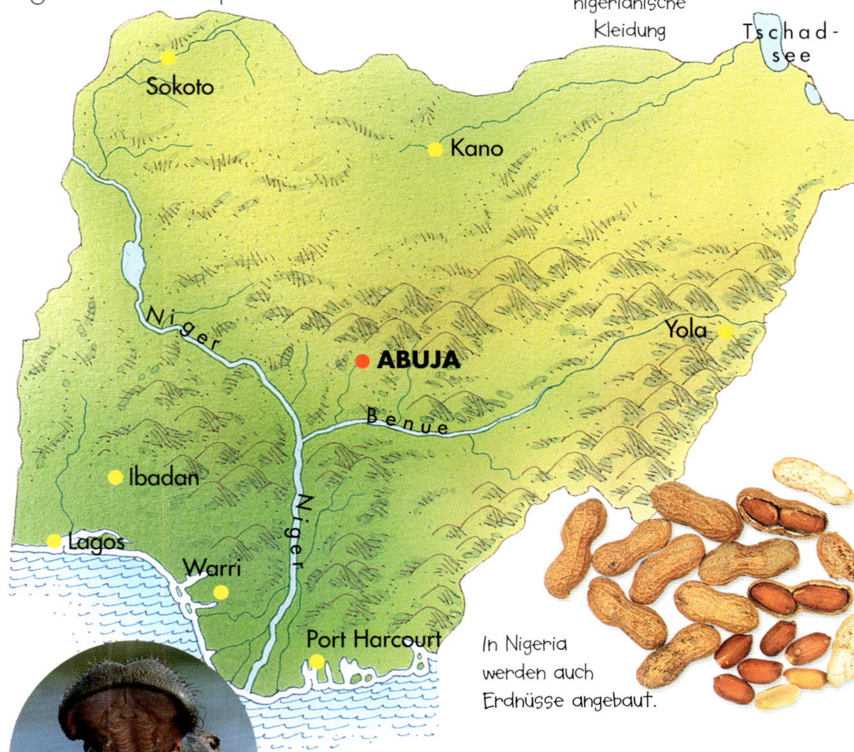

In Nigeria werden auch Erdnüsse angebaut.

Ein Flusspferd im Niger

Nigerianerinnen verkaufen Gewürze.

Spezialitäten

Juju-Musik
Diese Musikrichtung hat die westliche Tanzmusik beeinflusst.

Holzmasken
Sie werden in traditionellen Stammesriten verwendet.

Einwohner:	**120 Millionen**
Geld:	**Naira**
Sprache:	**Englisch**
Begrüßung:	**Hello**
Aussprache:	**häl-lo**

Tansania

In Tansania liegt der Kilimandscharo, mit 5.900 Metern Höhe der höchste und mit seinem schneebedeckten Gipfel der berühmteste Berg Afrikas. Auch der riesige Victoriasee gehört zur Hälfte zu Tansania. In der Serengeti leben unzählige wilde Tiere. Deshalb ist diese Region sehr beliebt bei Safariurlaubern. Auf Sansibar, einer Insel vor der Küste, werden große Mengen von Gewürznelken angebaut.

Gewürznelken

Neben vielen anderen Tieren leben in der Serengeti auch Nashörner.

Auf dem großen Markt von Sansibar werden Obst, Gemüse und Gewürze verkauft.

Einwohner:	**36,8 Millionen**
Geld:	**Tansania-Schilling**
Sprache:	**Swahili**
Begrüßung:	**Jambo**
Aussprache:	**JAM-bo**

Malawi

Die Landschaft Malawis wird vom Ostafrikanischen Graben bestimmt, einem tiefen Tal, das sich durch Ostafrika zieht. Zu beiden Seiten dieses Tales liegen Savannen und Wälder. Der fast 600 Kilometer lange und an manchen Stellen 700 Meter tiefe Malawisee ist der drittgrößte See ganz Afrikas. Hier gibt es mehr als 500 verschiedene Fischarten.

Einwohner:	**11,8 Millionen**
Geld:	**Malawi-Kwacha**
Sprache:	**Englisch**
Begrüßung:	**Hello**
Aussprache:	**häl-lo**

Kenia

Kenia liegt direkt am Äquator. An der Küste ist das Klima tropisch, im Landesinneren heiß und trocken. Quer durch das Land verläuft der tiefe Ostafrikanische Graben. In Kenia wird hauptsächlich Landwirtschaft betrieben, auf großen Plantagen werden vor allem Kaffee und Tee, aber auch Obst und Gemüse angebaut. Kenia hat eine ganze Reihe von Nationalparks und Naturschutzgebieten, in denen die vielen wilden Tiere geschützt leben können. Viele Touristen kommen Jahr für Jahr ins Land, um diese wunderschönen Geschöpfe zu sehen. In den Ebenen Kenias leben auch die Massai, ein Stamm von Hirten, die mit ihren Rindern und Ziegen übers Land ziehen.

Massaimädchen

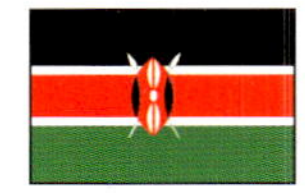

In Kenia wird neben Kaffee und Tee auch Obst und Gemüse angebaut.

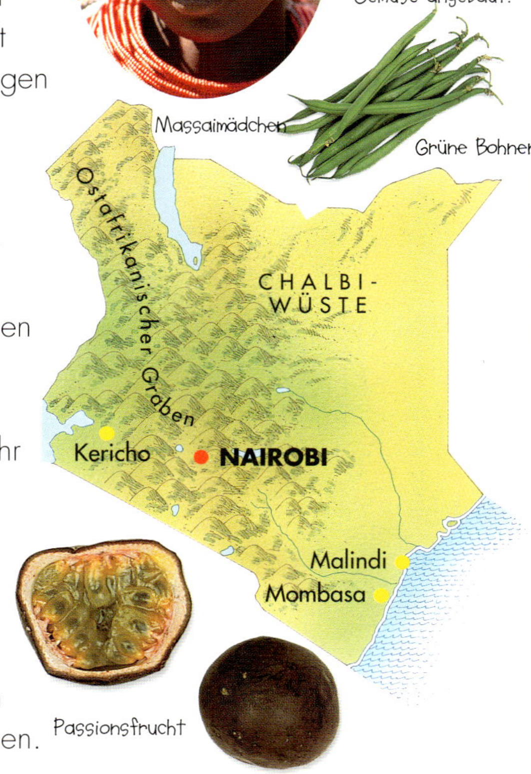

Grüne Bohnen

Passionsfrucht

Viele Touristen besuchen die kenianischen Nationalparks und Wildreservate.

Mit vielen anderen Tieren lebt die schnelle Gazelle in der Savanne Kenias.

Spezialitäten

Großwild
In Kenia leben die „großen Fünf“: Löwe, Elefant, Büffel, Nashorn und Leopard.

Langstreckenläufer
Aus keinem anderen Land der Welt stammen so viele Weltrekordhalter und Olympiasieger im Langstreckenlauf wie von hier.

Tee
Tee aus Kenia gilt als besonders lecker. Die meisten Plantagen liegen bei Kericho.

Einwohner:	**31,9 Millionen**
Geld:	**Kenia-Schilling**
Sprache:	**Swahili**
Begrüßung:	**Jambo**
Aussprache:	**JAM-bo**

Uganda

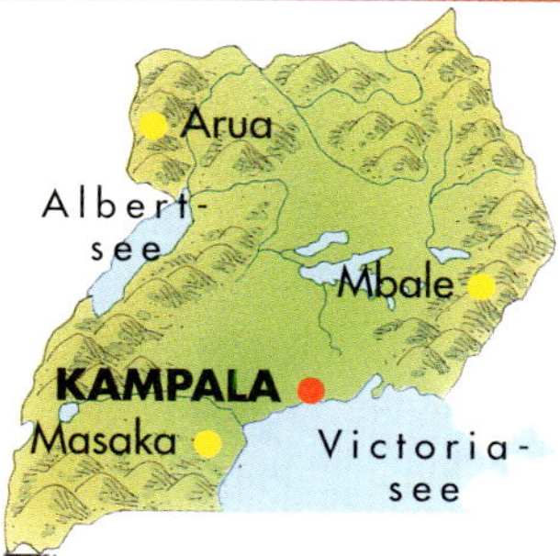

Uganda wird im Westen vom Ostafrikanischen Graben und im Osten vom Victoriasee begrenzt. Die meisten Bewohner des Landes arbeiten auf großen Kaffeeplantagen, denn Kaffee ist Ugandas wichtigstes Exportgut.

Ein Königsgrab in Kampala, der Hauptstadt Ugandas

Einwohner:	**24,8 Millionen**
Geld:	**Uganda-Schilling**
Sprache:	**Englisch**
Begrüßung:	**Hello**
Aussprache:	**häl-lo**

Ruanda

Ruanda wird auch „Land der tausend Hügel" genannt. Auf diesen Hügeln werden auf großen Plantagen Kaffee und Tee angebaut. In den Wäldern, die die Plantagen umgeben, leben Berggorillas. Mit 300 Einwohnern pro Quadratkilometer ist Ruanda das am dichtesten besiedelte Land Afrikas.

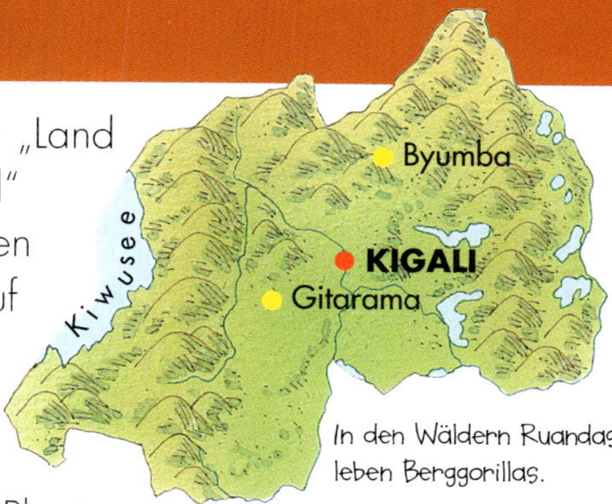

In den Wäldern Ruandas leben Berggorillas.

Einwohner:	**8,1 Millionen**
Geld:	**Ruanda-Franc**
Sprache:	**Französisch**
Begrüßung:	**Bonjour**
Aussprache:	**bohn-SCHUR**

Burundi

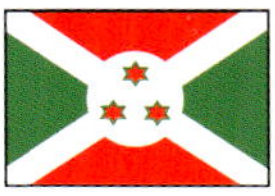

Burundi ist eines der kleinsten Länder Afrikas. Die meisten Menschen hier sind Bauern, schon der Besitz einer Kuh gilt als Reichtum. Obwohl Burundi flächenmäßig so klein ist, setzt sich die Bevölkerung aus ungewöhnlich vielen verschiedenen Volksstämmen und Religionsgruppen zusammen.

Einwohner:	**6,7 Millionen**
Geld:	**Burundi-Franc**
Sprache:	**Französisch**
Begrüßung:	**Bonjour**
Aussprache:	**bohn-SCHUR**

Swasiland

Swasiland ist das kleinste Land der gesamten südlichen Hemisphäre. Bei ihren traditionellen Festen tragen die Bewohner farbenfrohe Kostüme und führen Kriegstänze auf.

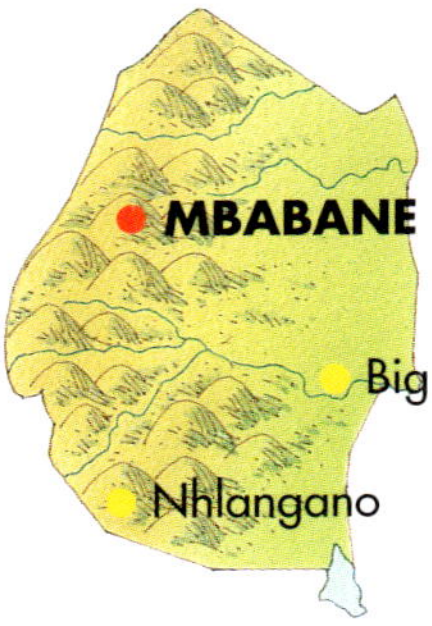

Swasi bei einem traditionellen Kriegstanz

Einwohner:	**1 Million**
Geld:	**Lilangeni**
Sprache:	**Englisch**
Begrüßung:	**Hello**
Aussprache:	**häl-lo**

Lesotho

Lesotho ist einer der wenigen Staaten der Erde, der vollständig von einem einzigen anderen, Südafrika, umgeben ist. Das Land besteht fast ausschließlich aus Bergen, was ihm den Beinamen „Dach Südafrikas" eingebracht hat.

Ein Blick über die Maloti-Berge

Einwohner:	**2,1 Millionen**
Geld:	**Loti**
Sprache:	**Englisch**
Begrüßung:	**Hello**
Aussprache:	**häl-lo**

Botswana

Das Okawangobecken ist das größte im Binnenland gelegene Flussdelta der Welt. Die Sümpfe in dieser Region sind die Heimat unzähliger seltener Vögel und anderer Tiere.

Elefanten im Chobe-Nationalpark

Einwohner:	**1,6 Millionen**
Geld:	**Pula**
Sprache:	**Englisch**
Begrüßung:	**Hello**
Aussprache:	**häl-lo**

Angola

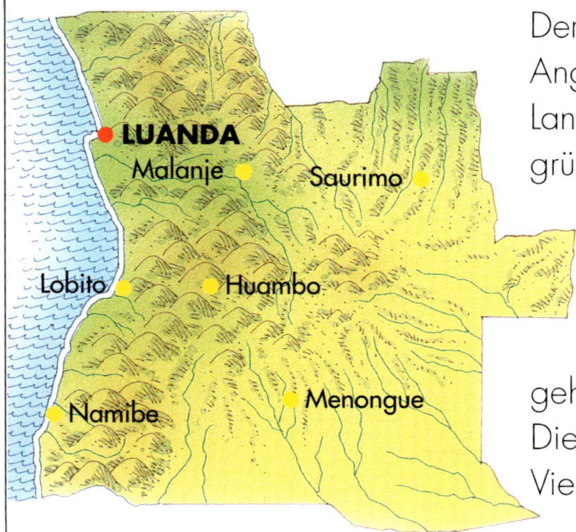

Der Landstrich entlang der Küste Angolas ist flach und trocken, im Landesinneren dagegen erheben sich grüne Hügel und Berge. Das Land ist reich an Bodenschätzen. Außer Öl gibt es z. B. Diamanten. Mehr als ein Drittel der angolanischen Bevölkerung gehört zum Stamm der Ovimbundu. Die meisten arbeiten als Bauern, Viehhirten oder Händler.

Cassava ist ein wichtiges Nahrungsmittel in Angola.

Einwohner:	**13,9 Millionen**
Geld:	**Kwanza**
Sprache:	**Portugiesisch**
Begrüßung:	**Bom dia**
Aussprache:	**bon DI-ja**

Sambia

Der Sambesi im Süden des Landes ist die wichtigste Wasserquelle Sambias. An den Victoriafällen stürzt der Strom über 100 Meter in die Tiefe. Noch lebt Sambia vom Kupferbergbau, aber die Vorkommen gehen langsam zur Neige.

Die 100 Meter hohen Victoriafälle gehören zu den spektakulärsten Wasserfällen der Welt.

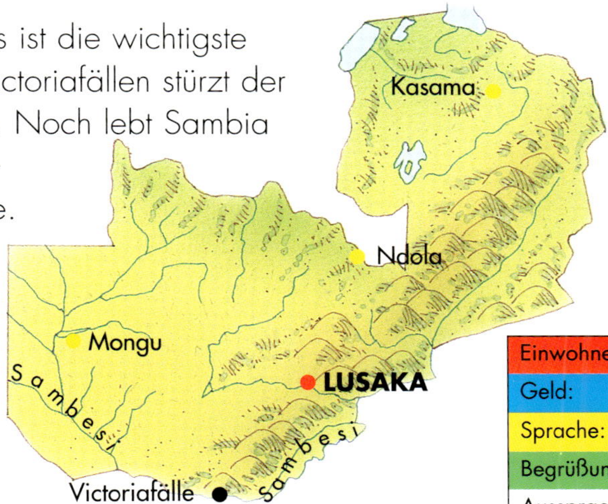

Ein sambischer Bauer bei der Ernte.

Einwohner:	**10,9 Millionen**
Geld:	**Kwacha**
Sprache:	**Englisch**
Begrüßung:	**Hello**
Aussprache:	**häl-lo**

Mosambik

Durch Mosambik fließen mehr als 60 Flüsse, unter ihnen die großen Ströme Sambesi und Limpopo. Am Cabora-Bassa–Damm im Norden des Landes wird der Sambesi gestaut, um mit seinem Wasser das größte Wasserkraftwerk Afrikas zu speisen. Die Energie, die so entsteht, wird hauptsächlich an die Nachbarländer Simbabwe und Südafrika verkauft. An der Küste gehört die Krabbenfischerei zu den wichtigsten Einnahmequellen.

Krabben aus Mosambik werden in der ganzen Welt verspeist.

Einwohner:	**19 Millionen**
Geld:	**Metical**
Sprache:	**Portugiesisch**
Begrüßung:	**Bom dia**
Aussprache:	**bon DI-ja**

Madagaskar

Madagaskar ist die viertgrößte Insel der Welt. In den tropischen Regenwäldern des Landes gibt es auf der Erde einzigartige Pflanzen und Tiere. Deshalb ist Madagaskar auch ein Paradies für Forscher. Das feucht heiße Klima der Insel eignet sich besonders gut für den Anbau von Vanille. Die Schoten der Vanillepflanze, einer Orchideenart, geben z. B. Vanilleeis seinen Geschmack.

Vanilleschoten

Auf Madagaskar gibt es viele Chamäleonarten.

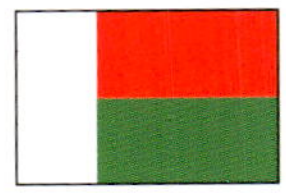

Einwohner:	**16,9 Millionen**
Geld:	**Madagaskar-Franc**
Sprache:	**Französisch**
Begrüßung:	**Bonjour**
Aussprache:	**bohn-SCHUR**

Namibia

An der Küste Namibias herrscht oft dichter Nebel, im Landesinneren ist es aber meist nur sehr heiß und trocken. Im Staatsgebiet Namibias gibt es zwei große Wüsten: die Namib- und die Kalahari-Wüste. Das Land verfügt über allerlei Bodenschätze, z. B. Diamanten.

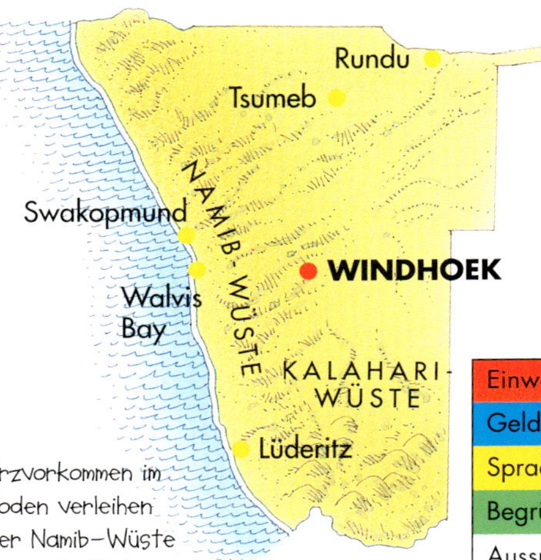

Erzvorkommen im Boden verleihen der Namib-Wüste ihre rote Farbe.

Namibia führte als erster Staat Gesetze zum Schutz der Natur ein.

Einwohner:	**1,8 Millionen**
Geld:	**Nambia-Dollar**
Sprache:	**Englisch**
Begrüßung:	**Hello**
Aussprache:	**häl-lo**

Simbabwe

Die Victoriafälle liegen direkt an der Grenze zu Sambia.

Die Nationalparks von Simbabwe bieten einigen stark vom Aussterben bedrohten Tierarten einen sicheren Lebensraum. Zu diesen seltenen Tieren gehören unter anderen der Königsleopard und verschiedene Nashornarten. Auch die Victoriafälle ziehen viele Touristen an.

Der Königsleopard ist vom Aussterben bedroht.

Einwohner:	**13,1 Millionen**
Geld:	**Simbabwe-Dollar**
Sprache:	**Englisch**
Begrüßung:	**Hello**
Aussprache:	**häl-lo**

Südafrika

Die Landschaft Südafrikas ist sehr abwechslungsreich und spektakulär. Atemberaubende Gebirgsketten, wie die Karoo-Berge im Süden und die Drakensberge im Osten, trennen die Küste von kargen Ebenen und der fruchtbaren Savanne. Das südafrikanische Klima mit seinen warmen Sommern und kühlen Wintern eignet sich bestens zum Anbau von Obst und Gemüse. Es gibt aber auch viele Bodenschätze, allen voran Gold und Diamanten, deren Abbau Südafrika zum reichsten Land des Kontinents gemacht hat. Auch der Tourismus ist eine wichtige Einnahmequelle. Jahr für Jahr besuchen Urlauber aus aller Welt das schöne Land am Südende Afrikas, um die Traumstrände, die Landschaft und die Tierwelt zu genießen. Die Südafrikaner sind immer noch dabei, sich an das Leben nach dem Ende der Apartheid, einem strengen, unmenschlichen System der Rassentrennung, zu gewöhnen.

In den Savannen leben Strauße.

Südafrika ist der weltgrößte Goldproduzent.

Auch Geparden, die schnellsten Raubkatzen der Welt, sind hier zu Hause.

Kapstadt liegt am Fuße des Tafelbergs. Die Wolken darüber sehen aus wie eine Tischdecke.

Zebras an einem Wasserloch in einem der vielen Wildparks des Landes.

Spezialitäten

Diamanten
Nirgends gibt es mehr davon.

Safari
In Südafrika kann man Löwen, Leoparden, Elefanten, Nashörner und Büffel in freier Wildbahn sehen.

Obst
Hier wächst fast alles, von Äpfeln bis zu Zitrusfrüchten.

Strände
Sonnenanbeter und Surfer aus aller Welt lieben die weißen Sandstrände.

Rugby
Rugby ist der Lieblingssport der Südafrikaner. Die Nationalmannschaft, auch als die „Springböcke" bekannt, gehört zur Weltspitze.

Wale
Viele Arten von Walen, Delfinen und Haien tummeln sich ganz in der Nähe der Küste.

Wein
Die südafrikanischen Weine aus der Gegend um Kapstadt gehören zu den edelsten Tropfen der Welt.

Einwohner:	**44,2 Millionen**
Geld:	**Rand**
Sprache:	**Afrikaans**
Begrüßung:	**Dagse**
Aussprache:	**dag-sä**

Seychellen

Die 115 Inseln mitten im Indischen Ozean sind wegen ihrer Traumstrände und exotischen Landschaft als Urlaubsziel beliebt.

Einwohner:	**80.000**
Geld:	**Seychellen-Rupie**
Sprache:	**Seselwa (Kreolisch)**
Begrüßung:	**Bonzour**
Aussprache:	**bohn-SCHUR**

Komoren

Die Komoren sind kleine Vulkaninseln zwischen den Seychellen und Madagaskar. Auch hier wird Vanille angebaut.

Einwohner:	**750.000**
Geld:	**Komoren-Franc**
Sprache:	**Arabisch**
Begrüßung:	**Salaam a'alaykum**
Aussprache:	**sa-LAHM a a-LAI-kum**

Mauritius

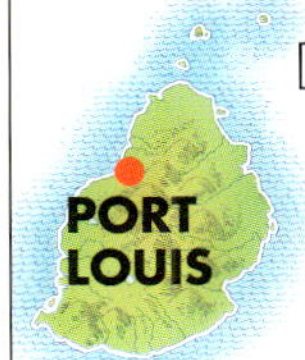

Die Vulkaninsel ist von Korallenriffen umgeben. Von hier stammt die berühmteste Briefmarke der Welt, die „blaue Mauritius".

Einwohner:	**1,2 Millionen**
Geld:	**Mauritius-Rupie**
Sprache:	**Englisch**
Begrüßung:	**Hello**
Aussprache:	**häl-lo**

Großbritannien

Großbritannien besteht eigentlich aus vier Ländern: England, Wales, Schottland und Nordirland. Es ist ein Inselstaat, der durch den Ärmelkanal vom europäischen Festland getrennt ist. Auf den Inseln herrscht ein eher mildes Klima, allerdings regnet es viel. Deshalb ist die Landschaft auch sehr grün und üppig. Großbritannien gehört zu den wichtigsten Finanzzentren der Welt. Die Hauptstadt London ist Sitz einer bedeutenden Aktienbörse sowie vieler internationaler Banken und Versicherungsgesellschaften. Auch in den Bereichen Wissenschaft, Technologie und Medizin spielt das Land weltweit eine führende Rolle. Großbritannien ist sehr dicht besiedelt und vereinigt in seiner Bevölkerung viele verschiedene Völker und Kulturen aus aller Welt. Auch als Urlaubsland ist der Inselstaat sehr beliebt. Im Straßenverkehr sollten Ausländer allerdings aufpassen: Hier herrscht Linksverkehr!

„Fish and Chips" ist so etwas wie das britische Nationalgericht.

Shetlandinseln

Der Lake District im Nordwesten Englands

Edinburgh Castle ist das meistbesuchte Ausflugsziel Schottlands.

Tee ist das Lieblingsgetränk der Briten. Er wird meist mit Milch getrunken.

Die prähistorische Kultstätte Stonehenge wurde etwa 3.000 vor Christus errichtet.

Der Buckingham-Palast in London ist der Hauptwohnsitz der britischen Königinnen und Könige.

Stiltonkäse

Erdbeeren

London, die Hauptstadt Großbritanniens, liegt an der Themse.

Die Westküste Großbritanniens ist wild zerklüftet und wunderschön.

Die „Coldstream Guards" nehmen an feierlichen Paraden teil.

Spezialitäten

England

Sport
Fußball, Cricket und Rugby wurden in England erfunden.

Shakespeare
Der berühmteste englischsprachige Dichter und Dramatiker aller Zeiten wurde hier geboren.

Kanaltunnel
Der 1994 eröffnete Eisenbahntunnel führt unter dem Ärmelkanal hindurch. Seither kann man mit dem Zug nach Großbritannien fahren.

Nordirland

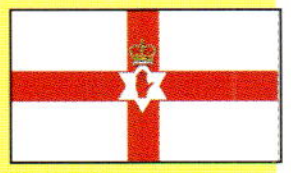

„Giant's Causeway"
Den „Riesendamm", eine Felsformation an der Nordküste Irlands, hat der Sage nach ein Riese angelegt.

Schottland

Golf
Hier gibt es die ältesten Golfplätze der Welt.

Whisky
Der weltberühmte Malzbranntwein wurde hier erfunden.

Wales

Gesang
Viele berühmte Sänger stammen aus Wales.

Rugby
...der Nationalsport der Waliser

Einwohner:	59,7 Millionen
Geld:	Pfund Sterling
Sprache:	Englisch
Begrüßung:	Hello
Aussprache:	häl-lo

Irland

Irland wird auch „die grüne Insel" genannt. Der viele Regen lässt die Pflanzen gedeihen und taucht die Landschaft in ein sattes Grün. Die Ebenen im Landesinneren sind sehr fruchtbar. Hier werden vor allem Weizen, Gerste und Kartoffeln angebaut. Die saftigen Wiesen eignen sich hervorragend als Weideland für Tiere. In den Flüssen des Landes wimmelt es von Lachsen und Forellen. Deshalb ist Irland sehr beliebt bei Anglern. Die Flussregionen sind aber auch ein wichtiger Lebensraum für Wildtiere. Im Herbst machen Enten und Gänse aus Grönland und Kanada den weiten Weg hierher, um zu überwintern. Die Kunst spielt in Irland eine große Rolle. Hier gab und gibt es viele bekannte Schriftsteller und die irische Musik, auf Fiedel und Flöte gespielt, ist auf der ganzen Welt beliebt.

Irisches Rugby-Trikot

Das schöne Schloss Johnstown Castle in Wexford an der irischen Südostküste

Pferderennen sind in Irland sehr beliebt, deshalb gibt es hier viele Pferdezüchter.

Die „Ha'penny Bridge" führt in der irischen Hauptstadt Dublin über den Liffey.

An vielen Stellen in Irland zieren keltische Kreuze die Landschaft.

Spezialitäten

Stout
Stout, sprich „Staut", ist ein fast schwarzes Bier aus gerösteter Gerste. Das berühmteste Stout heißt „Guinness".

St. Patrick's Day
Der heilige Patrick ist der Schutzpatron Irlands. Deshalb feiern Iren auf der ganzen Welt am 17. März zu seinen Ehren.

Kartoffeln
Im feuchten Klima Irlands wachsen Kartoffeln besonders gut.

Einwohner:	3,9 Millionen
Geld:	Euro
Sprache:	Gälisch
Begrüßung:	Dia dhuit
Aussprache:	dschija-gwitsch

Dänemark

Dänemark ist ein flaches Land, das aus der Halbinsel Jütland und über 400 weiteren großen und kleinen Inseln besteht. Auch Grönland und die Färöer Inseln gehören offiziell zum dänischen Staatsgebiet. Das Klima hier ist mild. Im Sommer bleibt es eher kühl, im Winter regnet und stürmt es häufig. Ein wichtiger Wirtschaftszweig des Landes ist die Schweinezucht. Dänische Schweinefleischprodukte, wie Schinken, Würstchen, Speck oder Salami, sind auf der ganzen Welt beliebt.

In der dänischen Hauptstadt Kopenhagen stehen viele schöne, bunte Häuser.

Dänische Salami

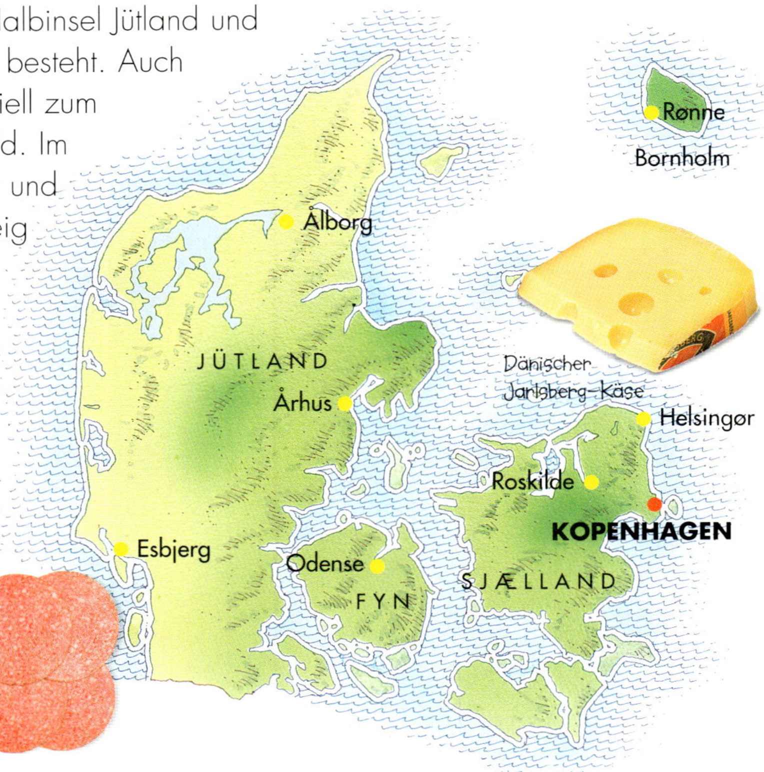

Dänischer Jarlsberg-Käse

Spezialitäten

Lego
Die beliebten Bausteine wurden von dem dänischen Zimmermann Kirk Christiansen erfunden.

Plätzchen
Die leckeren, saftigen dänischen Plätzchen haben Fans in aller Welt.

Hans Christian Andersen
Der berühmte Märchenautor wurde 1805 in Odense geboren. Zu seinen Ehren sitzt die „Kleine Seejungfrau" im Kopenhagener Hafen.

Einwohner:	**5,3 Millionen**
Geld:	**Dänische Krone**
Sprache:	**Dänisch**
Begrüßung:	**God dag**
Aussprache:	**god-dohg**

Norwegen

Die lang gezogene norwegische Küste ist sehr zerklüftet. Die tief ins Land schneidenden Buchten, die für Norwegen so typisch sind, heißen Fjorde. Der Norden des Landes liegt innerhalb des Polarkreises. Deshalb wird es hier von Mai bis Juli eigentlich nie richtig dunkel, von November bis Januar dafür aber auch nie wirklich hell. In den norwegischen Bergen gibt es gewaltige Gletscher, aber auch sonst hat die Landschaft einiges zu bieten. Im kalten, wenig besiedelten Norden leben wilde Rentiere, Wölfe und Eisbären.

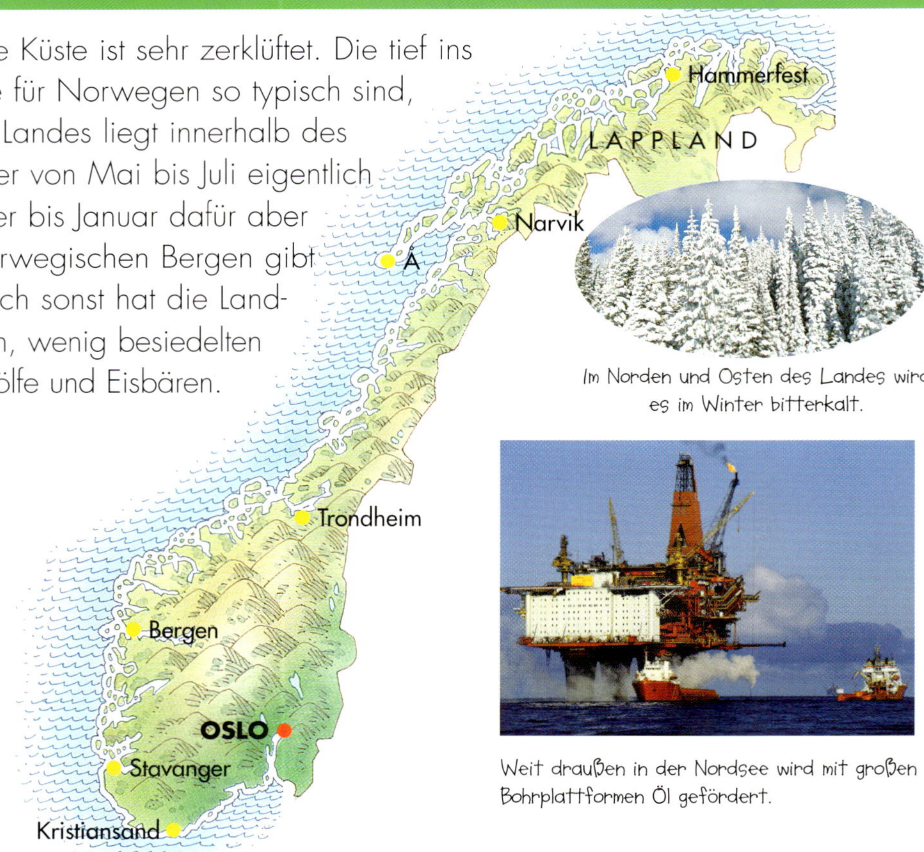

Im Norden und Osten des Landes wird es im Winter bitterkalt.

Oslo ist die größte Stadt Norwegens und die älteste Hauptstadt in ganz Skandinavien.

Weit draußen in der Nordsee wird mit großen Bohrplattformen Öl gefördert.

Spezialitäten

Skifahren
Skilanglauf und Skispringen sind norwegische Erfindungen.

Å
Kein Ort der Welt hat einen kürzeren Namen als diese Kleinstadt.

Lappen
Viele der Ureinwohner Lapplands, auch Samen genannt, leben bis heute auf sehr traditionelle Weise als Rentierhirten im hohen Norden.

Einwohner:	**4,5 Millionen**
Geld:	**Norwegische Krone**
Sprache:	**Norwegisch**
Begrüßung:	**God dag**
Aussprache:	**gud-dogh**

Finnland

In Finnland gibt es mehr als 60.000 Seen und fast ebenso viele bewaldete Hügel. Deshalb ist Holz auch einer der wichtigsten Rohstoffe des Landes. Es wird zu Möbeln und Papier verarbeitet. Das frisch geschlagene Holz wird über ein weit verzweigtes Kanalsystem, das die vielen Seen miteinander verbindet, transportiert. Bekannt ist Finnland natürlich auch für seine Telekommunikationsfirmen – einige der besten und schicksten Handys kommen von hier. Im Frühling und Herbst kann man in Finnland das Nordlicht bewundern, eine der aufregendsten Lightshows der Natur.

Das Nordlicht entsteht, wenn Sonnenwinde auf die Erdatmosphäre auftreffen.

Die finnische Haupstadt Helsinki liegt auf einer Halbinsel, ist also ganz von Wasser umgeben.

Finnlands Mobilfunktechnologie ist weltweit führend.

Spezialitäten

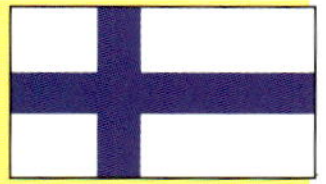

Saunas
Dampfbad und Sauna wurden hier vor etwa 1.000 Jahren erfunden.

Seen und Flüsse
Finnland wird auch „das Land der 1.000 Seen" genannt. 10 % des Staates sind von Wasser bedeckt.

Papier
Der Großteil aller europäischen Zeitungen ist auf finnischem Papier gedruckt.

Einwohner:	**5,2 Millionen**
Geld:	**Euro**
Sprache:	**Finnisch**
Begrüßung:	**Terve**
Aussprache:	**TER-väi**

Island

Geysire schießen plötzlich meterhoch aus dem Boden.

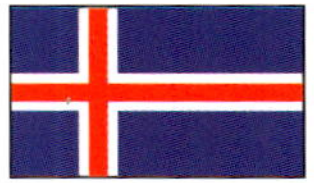

Der Vatnajökull im Südosten Islands ist der größte Gletscher Europas.

Island ist die westlichste Insel Europas. Hier gibt es gewaltige Gletscher, heiße vulkanische Quellen, Geysire und viele noch aktive Vulkane. Die Erdwärme, die es hier im Überfluss gibt, wird dazu genutzt, die isländischen Häuser kostenlos zu beheizen.

Einwohner:	**283.000**
Geld:	**Isländische Krone**
Sprache:	**Isländisch**
Begrüßung:	**Hallo**
Aussprache:	**hal-lo**

Estland

Estland ist ein ebenes, sumpfiges Land mit vielen Kiefern- und Fichtenwäldern. In diesen Wäldern sind eine ganze Reihe seltener Tiere zu Hause, z. B. das europäische Flughörnchen. Der Peipussee an der Grenze zu Russland ist einer der größten Seen Europas. Die Schweinezucht und der Kartoffelanbau sind wichtige Wirtschaftsfaktoren.

Einwohner:	**1,4 Millionen**
Geld:	**Estnische Krone**
Sprache:	**Estnisch**
Begrüßung:	**Tere**
Aussprache:	**TER-väi**

Schweinsblutwurst ist eine estnische Spezialität.

Schweden

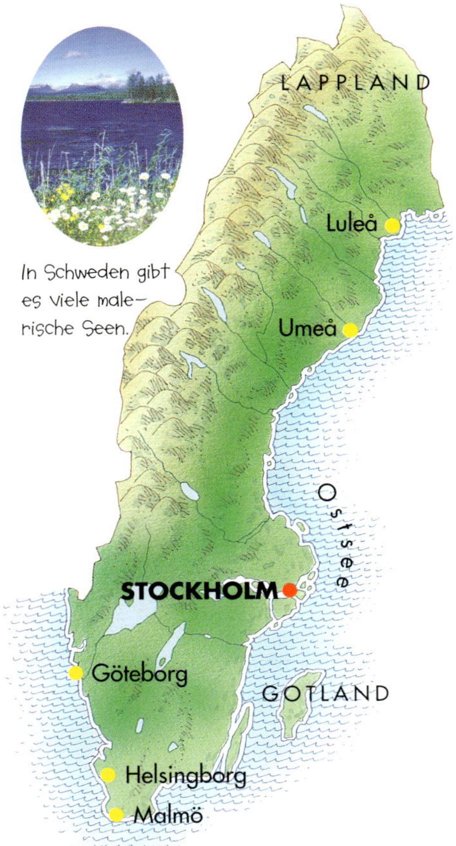

In Schweden gibt es viele malerische Seen.

Schweden ist ein großes, eher dünn besiedeltes Land. Im Westen bildet das Skandinavische Gebirge die Grenze zu Norwegen, im Osten reicht das Land bis an die Ostsee. Das Tiefland dazwischen ist wald- und seenreich. In den kalten Wintermonaten kann man auf den schneebedeckten Bergen und zugefrorenen Seen prima Ski und Schlittschuh laufen. Schweden ist ein sehr wohlhabendes Land mit vielen verschiedenen Industriezweigen. Hier werden Papier, Möbel, Autos, Flugzeuge, Handys und vieles mehr hergestellt. Deshalb genießen die Bewohner auch einen sehr hohen Lebensstandard.

Schwedische Häuser haben meist steile Dächer, damit der viele Schnee im Winter abrutscht.

Die schwedische Hauptstadt Stockholm hat einen wichtigen Seehafen.

Spezialitäten

Alfred Nobel
Der Erfinder des Dynamits rief die Stiftung ins Leben, die jedes Jahr den Nobelpreis verleiht.

Handys
Viele tolle Handys kommen aus Schweden.

Pippi Langstrumpf
Astrid Lindgren, Pippis Erfinderin, stammte aus Schweden.

Möbel
Das wahrscheinlich bekannteste Möbelgeschäft der Welt, IKEA, hat seinen Hauptsitz in Schweden.

Einwohner:	**8,8 Millionen**
Geld:	**Schwedische Krone**
Sprache:	**Schwedisch**
Begrüßung:	**God dag**
Aussprache:	**gud dohg**

Lettland

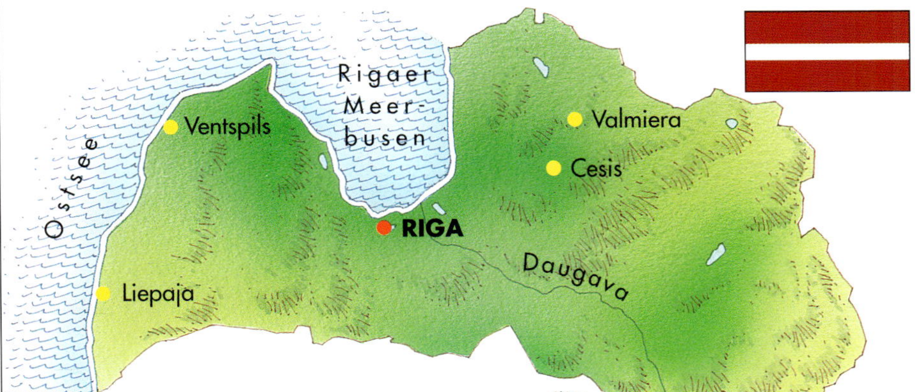

In Lettland gibt es viele Flüsse. Deshalb ist das Land meist ziemlich sumpfig und muss erst trockengelegt werden, bevor man etwas anbauen kann. Die Letten essen gerne Fisch, am liebsten geräucherte Schollen, Aale oder Heringe. Der Torf aus den vielen Mooren wird als Brennstoff verwendet.

In Lettland gibt es noch viele wild lebende Otter.

Einwohner:	**2,4 Millionen**
Geld:	**Lats**
Sprache:	**Lettisch**
Begrüßung:	**Labdien**
Aussprache:	**lab-dien**

Litauen

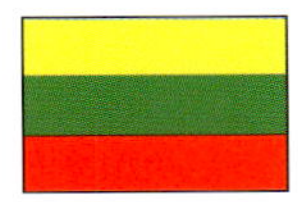

In Litauen gibt es mehr Bernstein, zu Stein gewordenes Baumharz, als sonst irgendwo auf der Welt. Große Mengen dieser schönen Steine liegen auf dem Grund der Ostsee, bis sie bei stürmischem Wetter an die litauische „Bernsteinküste" gespült werden. Aus dem Flachs, den die Litauer anbauen, werden Seile und Leinenstoffe hergestellt.

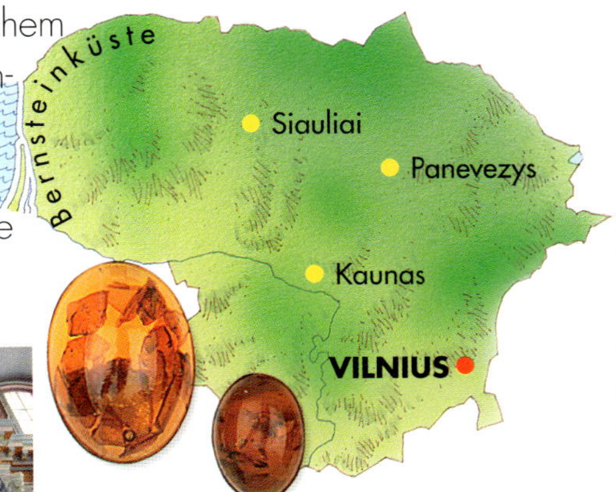

Bernstein

Die Heilig-Geist-Kirche in Vilnius ist mit wunderschönen Fresken verziert.

Einwohner:	**3,7 Millionen**
Geld:	**Litas**
Sprache:	**Litauisch**
Begrüßung:	**Labas**
Aussprache:	**la-bas**

Niederlande

Die Niederlande werden bei uns häufig einfach „Holland" genannt. Genau genommen ist das falsch, denn Holland ist nur ein kleiner Teil des Landes, nämlich die Region rund um Amsterdam. In den Niederlanden gibt es gar keine Berge und kaum Hügel, deshalb gehört Fahrradfahren zu den Lieblingsbeschäftigungen der Niederländer wie auch der vielen Urlauber, die das Land jedes Jahr besuchen. Entlang der Küste wurden jahrhundertelang Deiche gebaut, um das in Meeresnähe gelegene Land vor Überflutungen zu schützen. Rotterdam ist der größte Seehafen Europas. Hier gehen jährlich mehr als 30.000 Schiffe aus aller Welt vor Anker. Weltberühmt ist natürlich auch der leckere niederländische Käse.

Bier aus den Niederlanden wird überall gern getrunken.

Gouda ist eine der bekanntesten Käsesorten aus den Niederlanden.

Spezialitäten

Kunst
Die niederländischen Maler Rembrandt und Vincent Van Gogh gehören zu den berühmtesten Künstlern aller Zeiten.

Die schwarzbunten Kühe, die in Friesland gehalten werden, geben besonders viel Milch.

Königshaus
Die königliche Familie mit ihrem Oberhaupt, Königin Beatrix, ist bei den Bewohnern des Landes sehr beliebt. Sie wohnt in einem Schloss in der Nähe von Den Haag.

Zwei Hauptstädte
Eigentliche Hauptstadt ist Amsterdam, aber die Regierung sitzt in Den Haag.

Tulpen
Die schönen bunten Frühlingsblumen werden in die ganze Welt verkauft.

Windmühlen
Die typisch niederländischen, geflügelten Mühlen kann man auf dem flachen Land überall sehen.

Einwohner:	**16,2 Millionen**
Geld:	**Euro**
Sprache:	**Niederländisch**
Begrüßung:	**Goedendag**
Aussprache:	**gou-den-dahg**

Die Regierung der Niederlande hat ihren Sitz in Den Haag.

Diamanten aus aller Welt werden in Amsterdam geschliffen und poliert.

Fußball gehört zweifellos zu den Lieblingssportarten der Niederländer.

Weil es keine Berge gibt, sind Fahrräder in den Niederlanden ein beliebtes Fortbewegungsmittel.

Amsterdam wurde auf mehreren Inseln erbaut. Deshalb gibt es hier so viele Brücken.

Im Frühling, wenn die Tulpen blühen, erstrahlt das Land in den buntesten Farben.

Belgien

Miesmuscheln

Belgien ist in vielerlei Hinsicht ein zweigeteiltes Land. Im Süden erheben sich die zerklüfteten Ardennen, während sich das Land im Norden flach und grün dem Meer entgegenstreckt. Auf diese unterschiedlichen Landstriche verteilen sich auch die zwei verschiedenen Volksgruppen Belgiens: die französischsprachigen Wallonen im Süden und die Niederländisch sprechenden Flamen im Norden.

Die Belgier sind die Erfinder der Pommes frites.

In Belgien werden köstliche Pralinen hergestellt.

Die Europäische Union (EU) hat ihren offiziellen Sitz in Brüssel.

Das mittelalterliche Stadtzentrum von Brügge ist sehr gut erhalten.

Spezialitäten

Miesmuscheln
Muscheln sind hier ein beliebtes Essen, besonders mit Pommes.

Spitze
In Brüssel und Brügge wird kostbarste Spitze hergestellt.

Saxophon
Das coolste aller Blechblasinstrumente wurde um 1840 in Belgien erfunden.

Einwohner:	**10,3 Millionen**
Geld:	**Euro**
Sprache:	**Flämisch/Französisch**
Begrüßung:	**goede morgen/bonjour**
Aussprache:	**goudemorg'n/bohn-SCHUR**

Luxemburg

Luxemburg ist ein winzig kleines, aber sehr wohlhabendes Land. Nirgendwo in ganz Europa ist der Lebensstandard der Einwohner höher als hier. Trotz seiner geringen Größe hat Luxemburg einiges Sehenswertes zu bieten: die Ardennen, das Moseltal und viele alte Schlösser und Städtchen.

Der Marktplatz von Echternach

Einwohner:	**448.000**
Geld:	**Euro**
Sprache:	**Französisch**
Begrüßung:	**Bonjour**
Aussprache:	**bohn-SCHUR**

Liechtenstein

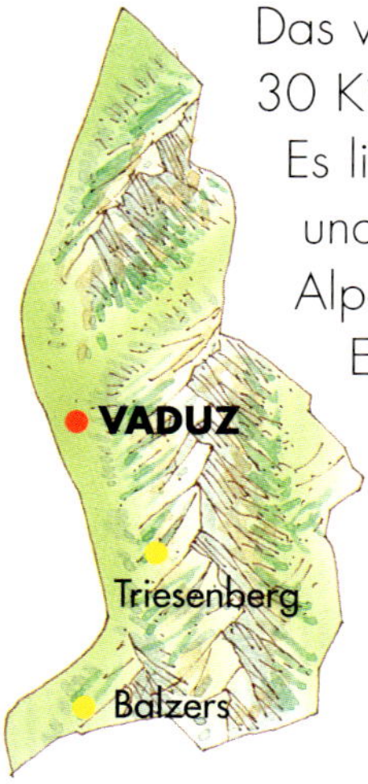

Das winzige Fürstentum am Rhein ist nur 30 Kilometer lang und acht Kilometer breit. Es liegt, eingeklemmt zwischen Österreich und der Schweiz, in den Ausläufern der Tiroler Alpen. Obwohl es so klein ist und kaum mehr Einwohner hat als eine Kleinstadt, gehört Liechtenstein zu den reichsten Staaten der Welt. Im Winter kann man hier sehr gut Ski fahren, im Sommer prima wandern.

Einwohner:	**32.800**
Geld:	**Schweizer Franken**
Sprache:	**Deutsch**
Begrüßung:	**Guten Tag**
Aussprache:	**GU-ten tahk**

Monaco

Auch Monaco ist ein winziges Fürstentum. Seit 700 Jahren wird es von der gleichen Familie, den Grimaldis, regiert. Hier leben fast nur reiche Leute.

In Monaco gibt es ein Spielkasino, einen Yachthafen und jedes Jahr ein Formel-Eins-Rennen.

Einwohner:	**32.000**
Geld:	**Euro**
Sprache:	**Französisch**
Begrüßung:	**Bonjour**
Aussprache:	**bohn-SCHUR**

Frankreich

Spezialitäten

Wein
Ein Viertel des Weins, der auf der Welt getrunken wird, kommt aus Frankreich.

Parfum
Hier werden die teuersten und edelsten Parfums der Welt hergestellt.

Croissants
Die leckeren Hörnchen sind eine französische Erfindung.

Tour de France
Das längste und berühmteste Fahrradrennen der Welt führt über mehrere Wochen kreuz und quer durch Frankreich und endet traditionell in Paris.

Cafékultur
Der schöne Brauch, sich in ein Café zu setzen, um dort zu essen, zu trinken und Freunde zu treffen, wurde im 17. Jahrhundert in Frankreich ins Leben gerufen.

Film
Die Gebrüder Lumière erfanden 1895 eine Technik, mit der man bewegte Bilder auf eine Leinwand projizieren konnte.

Filmfestival von Cannes
Jedes Jahr findet im südfranzösischen Cannes das wichtigste europäische Filmfestival statt.

Einwohner:	**59,7 Millionen**
Geld:	**Euro**
Sprache:	**Französisch**
Begrüßung:	**Bonjour**
Aussprache:	**bohn-SCHUR**

Der TGV, die französische Variante des ICE, erreicht eine Geschwindigkeit von 300 km/h.

In Südfrankreich wird Lavendel, z. B. für Parfums, angebaut.

Das berühmte französische Weißbrot, das „Baguette"

Der Triumphbogen in Paris wurde zu Ehren des Kaisers Napoleon I. erbaut.

Alleen sind typisch für das malerische Rhônetal im Süden Frankreichs.

Frankreich ist das größte Land Westeuropas. Zu seiner vielseitigen Landschaft gehören die zerklüftete Atlantikküste im Westen, die Pyrenäen und die sonnige Mittelmeerküste im Süden und die westlichen Ausläufer der Alpen im Südosten. Der höchste Berg Mitteleuropas, der 4.807 Meter hohe Montblanc, liegt auf französischem Boden. Dazwischen gibt es viel fruchtbares Land, weshalb Frankreich zu den bedeutendsten Agrarstaaten der Welt zählt. Natürlich gibt es hier aber auch alle möglichen Arten von Industrie, von Ölraffinerien bis hin zu Stahlwerken. Seit Jahrhunderten gelten die Franzosen, allen voran die Bewohner der riesigen Hauptstadt Paris, als Experten für Lebensstil und Eleganz. Nicht umsonst ist Paris eine der bedeutendsten Modestädte der Welt.

Der Pariser Eiffelturm ist 300 Meter hoch.

In der französischen Küche wird gern mit Knoblauch gekocht.

In vielen Regionen Frankreichs wird Wein angebaut.

In Frankreich werden mehr als 300 verschiedene Käsesorten hergestellt.

Spanien

Spanien ist das drittgrößte Land Europas. Außer dem Großteil der Iberischen Halbinsel gehören auch die Balearen und die Kanarischen Inseln zum Staatsgebiet. Mit den Pyrenäen an der Grenze zu Frankreich, dem Kantabrischen Gebirge im Nordwesten und der Sierra Nevada im Süden ist Spanien ein sehr gebirgiges Land. Wegen des sonnigen, warmen Wetters wachsen hier Oliven besonders gut. Sie werden geerntet, indem man mit Stöcken gegen die Bäume schlägt, bis alle Oliven heruntergefallen sind. Natürlich ist Spanien auch als Urlaubsziel beliebt. Die schönsten Strände gibt es auf den Inseln und an der Costa del Sol, der „Sonnenküste" im Osten der Halbinsel. Auf der ganzen Welt bekannt ist auch das spanische Brauchtum vom Stierkampf bis zum Flamenco.

An der sonnigen Ostküste Spaniens werden Orangen und Zitronen angebaut.

Barcelona

Real Madrid

Die Fußballvereine Real Madrid und Barcelona gehören zur Weltspitze.

Der Flamenco stammt aus Andalusien, einer Region im Süden des Landes.

Chorizo-Salami ist eine echte Delikatesse.

Im Süden und Osten Spaniens gibt es riesige Gebiete mit Olivenbäumen.

In der spanischen Hauptstadt Madrid stehen viele prachtvolle Gebäude.

Die Kathedrale „Sagrada Familia" gehört zu den berühmtesten Bauwerken Barcelonas.

Die vielen Sandstrände des Landes locken scharenweise Touristen an.

Spezialitäten

Tapas
Tapas sind kleine Snacks, die man selbst ganz nach Geschmack zusammenstellen kann.

Künstler
Viele berühmte Maler und Bildhauer stammten aus Spanien, z. B. Pablo Picasso und Salvador Dalí.

Paella
Die nicht nur in Spanien beliebte Reispfanne mit Hähnchen oder Muscheln kommt aus der Gegend um Valencia.

Wein und Sherry
In vielen Gegenden Spaniens wird Wein angebaut. Sherry, eine Art Schnaps, wird im Südwesten des Landes hergestellt.

Einwohner:	**39,9 Millionen**
Geld:	**Euro**
Sprache:	**Spanisch**
Begrüßung:	**Hola**
Aussprache:	**OH-la**

Andorra

Das kleine Fürstentum Andorra liegt hoch in den Pyrenäen, genau an der Grenze zwischen Frankreich und Spanien.

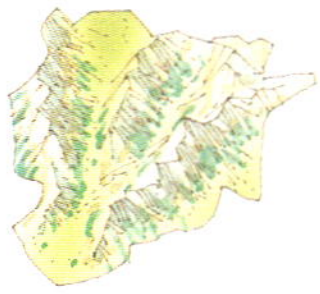

Einwohner:	**68.000**
Geld:	**Euro**
Sprache:	**Katalanisch**
Begrüßung:	**Hola**
Aussprache:	**OH-la**

Portugal

Portugal nimmt fast den gesamten Westen der Iberischen Halbinsel ein. Im hügeligen Norden des Landes ist es kühl und regnerisch. Nirgendwo in Westeuropa regnet es mehr als hier. Der ebene Süden dagegen hat ein warmes und trockenes Klima. Portugal liegt am Atlantik. Das südliche Küstenstück wird Algarve genannt. Es ist bekannt für seine wunderschönen Felsformationen und ruhigen kleinen Buchten. Im ganzen Land werden Wein, Oliven, Mandeln, Feigen und Orangen angebaut. Auch der Fischfang ist ein wichtiger Wirtschaftszweig Portugals. Am häufigsten werden Sardinen gefangen, die die Menschen hier am liebsten frisch vom Grill essen. Die meisten der kleinen Fische werden aber in die typischen Dosen verpackt.

Sardinen aus Portugal kann man auf der ganzen Welt genießen.

Das Jerónimos-Kloster in Lissabon

Vor der Küste Portugals wird nach Garnelen und anderen Meeresfrüchten gefischt.

Lissabon liegt an der Mündung des Tejo in den Atlantik und hat einen großen Hafen.

Die Algarve, die Südküste Spaniens, ist berühmt für ihre Felsformationen.

Wie Tupfen sind Olivenbäume auf den weichen Hügeln Portugals verstreut.

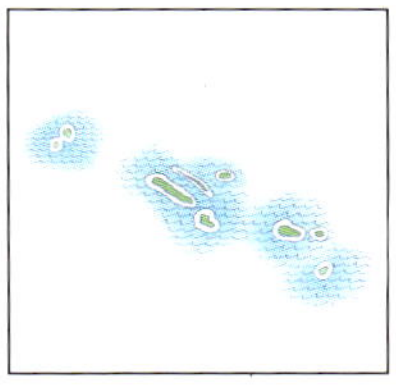

Die Azoren

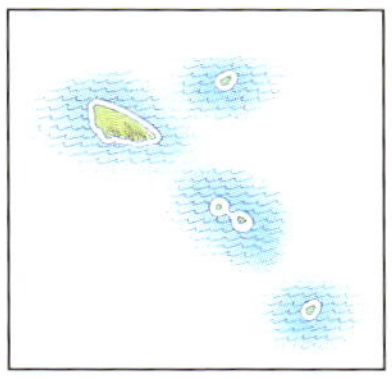

Madeira

Spezialitäten

Kork

In Portugal wird viel Kork erzeugt. Das robuste Material wird aus der Rinde von Korkeichen gewonnen.

Portwein

Portwein ist ein Likörwein, der vor allem in und um die Stadt Porto hergestellt wird.

Entdecker

Viele berühmte Seefahrer und Entdecker stammen von hier, z. B. Ferdinand Magellan, der als Erster die Welt umsegelte.

Einwohner:	**10 Millionen**
Geld:	**Euro**
Sprache:	**Portugiesisch**
Begrüßung:	**Bom dia**
Aussprache:	**bon DI-ja**

Griechenland

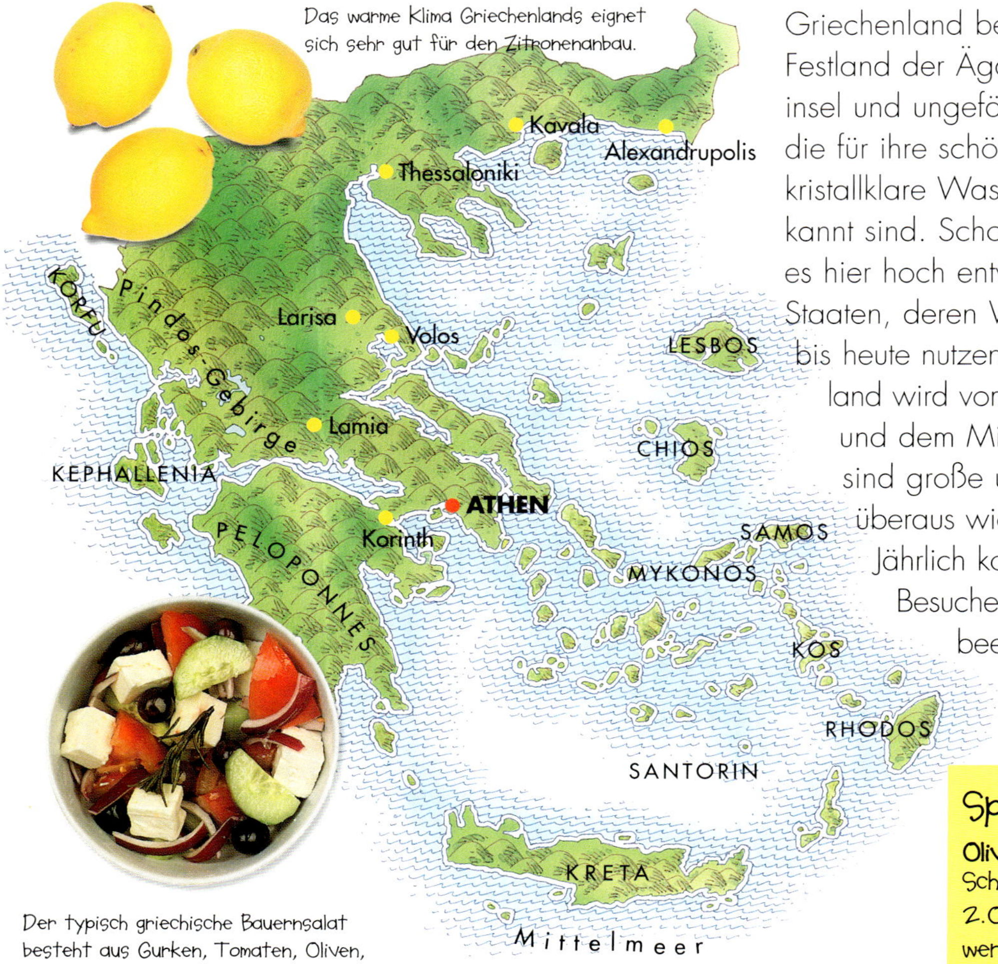

Das warme Klima Griechenlands eignet sich sehr gut für den Zitronenanbau.

Der typisch griechische Bauernsalat besteht aus Gurken, Tomaten, Oliven, Zwiebeln und Schafskäse.

Griechenland besteht aus dem Festland der Ägäischen Halbinsel und ungefähr 2.000 Inseln, die für ihre schöne Landschaft und das kristallklare Wasser, in dem sie liegen, bekannt sind. Schon lange vor Christus gab es hier hoch entwickelte Kulturen und Staaten, deren Wissenschaft und Kunst wir bis heute nutzen und bewundern. Griechenland wird vom Ägäischen, dem Ionischen und dem Mittelmeer umspült. Deshalb sind große und kleine Fähren hier ein überaus wichtiges Fortbewegungsmittel. Jährlich kommen etwa 12,5 Millionen Besucher nach Griechenland, um die beeindruckenden Kulturschätze anzusehen oder sich einfach nur zu erholen.

Die kleine Insel Mykonos ist für ihre Windmühlen berühmt.

Mit der Fähre kommt man von einer Insel zur anderen und zum Festland.

Die Ionische Insel Zakynthos ist wegen ihres glasklaren Wassers ein beliebtes Ferienziel.

Hoch über der griechischen Hauptstadt Athen thront die Akropolis mit dem Parthenon.

Spezialitäten

Oliven
Schon seit über 2.000 Jahren werden hier Oliven angebaut.

Olympische Spiele
Schon die alten Griechen veranstalteten alle vier Jahre dieses große Sportfest.

Olymp
Der 2.970 Meter hohe Olymp ist der höchste Berg des Landes. Die alten Griechen glaubten, er sei der Wohnsitz der Götter.

Taramosalata
Die cremige Paste aus Fischeiern ist eine echte Delikatesse.

Einwohner:	**10,6 Millionen**
Geld:	**Euro**
Sprache:	**Griechisch**
Begrüßung:	**Kalimera**
Aussprache:	**ka-li-MEH-ra**

Italien

Die Italiener trinken gern Espresso.

Der weltberühmte schiefe Turm von Pisa

Der leckere Parmesankäse wird in der Gegend um Parma hergestellt.

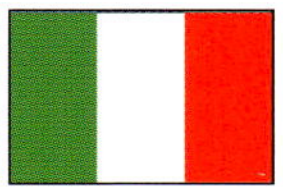

Italien ist ein recht gebirgiges Land. Im Norden bilden die Alpen die Grenze zu Österreich und der Schweiz und in der Mitte des Landes ziehen sich die Apenninen in Richtung Süden. Mit seinen wohlhabenden und schönen Städten Mailand und Turin und vielen wichtigen Industriestandorten ist der Norden Italiens moderner und reicher als der eher traditionelle, landwirtschaftlich geprägte Süden. Auch Italien ist für seine Kulturschätze berühmt, denn hier befand sich in der Antike das Zentrum des römischen Reiches. Italienisches Essen wie Pizza, Spaghetti und Ravioli ist auf der ganzen Welt beliebt.

Die Pizza ist eine italienische Erfindung.

Spezialitäten

Wein
In Italien wird schon seit Tausenden von Jahren Wein angebaut und gekeltert.

Ferrari
Die weltberühmten Renn- und Sportwagen kommen aus Modena.

Kunst
Einige der bedeutendsten Künstler der Welt waren Italiener, z. B. Leonardo da Vinci oder Michelangelo.

Fußball
Die Italiener sind leidenschaftliche Fußballfans und einige der weltbesten Mannschaften sind hier zu Hause.

Einwohner:	**57,4 Millionen**
Geld:	**Euro**
Sprache:	**Italienisch**
Begrüßung:	**Buon giorno**
Aussprache:	**bwon DSCHIOR-no**

Die Stadt Positano mit ihren bunten Villen, die sich in den Hang über dem Meer schmiegen

Italienische Nudeln, „Pasta" genannt, gibt es in unzähligen Formen.

In Venedig gibt es Kanäle an Stelle der Straßen und Boote statt Autos.

Das Kolosseum ist eines der vielen Bauwerke aus der Römerzeit in der Hauptstadt Rom.

San Marino

Die winzige Republik San Marino liegt eigentlich in Italien, nicht weit von der Adriaküste entfernt. Der Stadtstaat wurde ursprünglich als Festung auf einem Bergrücken errichtet. Jedes Jahr findet hier ein Formel-Eins-Rennen statt. Sanmarinische Briefmarken sind bei Sammlern sehr beliebt.

Einwohner:	**27.000**
Geld:	**Euro**
Sprache:	**Italienisch**
Begrüßung:	**Buon giorno**
Aussprach:	**bwon DSCHIOR-no**

Vatikanstadt

Der kleinste Staat der Welt ist ein Stadtteil Roms. Hier leben weniger als 1.000 Menschen. Staatsoberhaupt der Vatikanstadt ist der Papst.

Der Petersdom ist eines der bedeutendsten religiösen Bauwerke der Welt.

Einwohner:	**800**
Geld:	**Euro**
Sprache:	**Italienisch**
Begrüßung:	**Buon giorno**
Aussprache:	**bwon DSCHIOR-no**

Deutschland

Deutschland ist nicht nur das Land mit den meisten Einwohnern Europas, sondern auch das reichste. Die Menschen leben vor allem in den vielen großen und kleinen Städten. Im Norden grenzt Deutschland an zwei Meere: die Nordsee im Westen und die Ostsee im Osten. In Richtung Süden wird das Land nach und nach immer gebirgiger, bis es ganz weit südlich, in Bayern, an die Alpen stößt. Die riesigen Flüsse Rhein und Elbe sind wichtige Schifffahrtsstraßen. Deutschland gehört weltweit zu den führenden Staaten in den Bereichen Wissenschaft und Technik. Deutsche Autos, aber auch andere Maschinen, sind auf der ganzen Welt beliebt.

In vielen Städten Deutschlands wird Bier gebraut.

Ganz im Süden grenzt Deutschland an die Alpen mit ihren schneebedeckten Gipfeln.

Deutschland ist berühmt für seine vielen verschiedenen Würste.

Frankfurt am Main ist ein wichtiges Finanzzentrum mit vielen Wolkenkratzern.

Deutsche Autos haben in der ganzen Welt einen guten Ruf.

Schwarzbrot ist eine deutsche Spezialität.

In Deutschland gibt es viele Schlösser. Eines der berühmtesten ist Neuschwanstein.

Ein altes Bauernhaus im Schwarzwald, einer besonders schönen Gegend im Südwesten.

Früher verlief die Grenze zwischen Ost- und Westberlin durch das Brandenburger Tor.

Spezialitäten

Klassische Musik
Aus Deutschland kamen viele bedeutende Komponisten, z. B. Bach, Wagner und Beethoven.

Elektrogeräte
Kein anderes Land der Welt stellt so viele große Elektrogeräte, wie z. B. Waschmaschinen, her.

Berliner Mauer
Vom Ende des Zweiten Weltkriegs bis 1989 war Deutschland in einen Ost- und einen Westteil getrennt. Berlin wurde durch eine Mauer geteilt.

Kuchen
Deutschland ist berühmt für seine leckeren Kuchen und Torten.

Wein
Entlang den vielen Flüssen wird sehr guter Wein angebaut.

Einwohner:	**82 Millionen**
Geld:	**Euro**
Sprache:	**Deutsch**
Begrüßung:	**Guten Tag**
Aussprache:	**GU-ten tahk**

Schweiz

Die Schweiz ist ein recht kleines Land. Die majestätischen Alpen bedecken über die Hälfte der Fläche. Bei so viel Gebirge kann man hier im Winter natürlich besonders gut Skiurlaub machen. Der höchste Berg des Landes ist der Monte Rosa mit 4.633 Metern. Bekannter sind aber andere Gipfel, wie das spitze Matterhorn oder der Eiger. Je nachdem, in welchem Teil des Landes sie leben, sprechen die Schweizer deutsch, französisch, italienisch oder rätoromanisch.

Zürich ist die größte und kulturell wichtigste Stadt der Schweiz.

Das beeindruckende Matterhorn reizt mutige Bergsteiger aus der ganzen Welt.

Die schöne Stadt Luzern liegt am Vierwaldstätter See, einem der vielen Seen des Landes.

Die Milchschokolade wurde 1875 in der Schweiz erfunden.

Spezialitäten

Skifahren
Einige der besten Skifahrer der Welt kommen aus der Schweiz.

Rotes Kreuz
Die berühmte Hilfsorganisation wurde 1863 hier gegründet.

Taschenmesser
Das tolle Messer mit den vielen Klingen wurde für die Schweizer Armee entwickelt.

Uhren
Schweizer Uhren gelten als besonders genau.

Einwohner:	**7,2 Millionen**
Geld:	**Schweizer Franken**
Sprache:	**siehe Text**
Begrüßung:	**Bonjour/Grüezi (u. a.)**
Aussprache:	**bohn-SCHUR/GRÜ-ä-zi**

Österreich

Ähnlich wie bei der Schweiz liegt auch der größte Teil Österreichs in den Alpen. Deshalb gehört Skifahren im Winter natürlich zu den Lieblingsbeschäftigungen der Österreicher. Die Berge sind aber auch Lebensraum vieler seltener und schöner Tiere, wie z. B. von Steinböcken oder Gämsen. In kaum einem anderen Land Europas gibt es so viele Wälder wie hier. Die vielen Gebirgsflüsse werden zur Energiegewinnung genutzt.

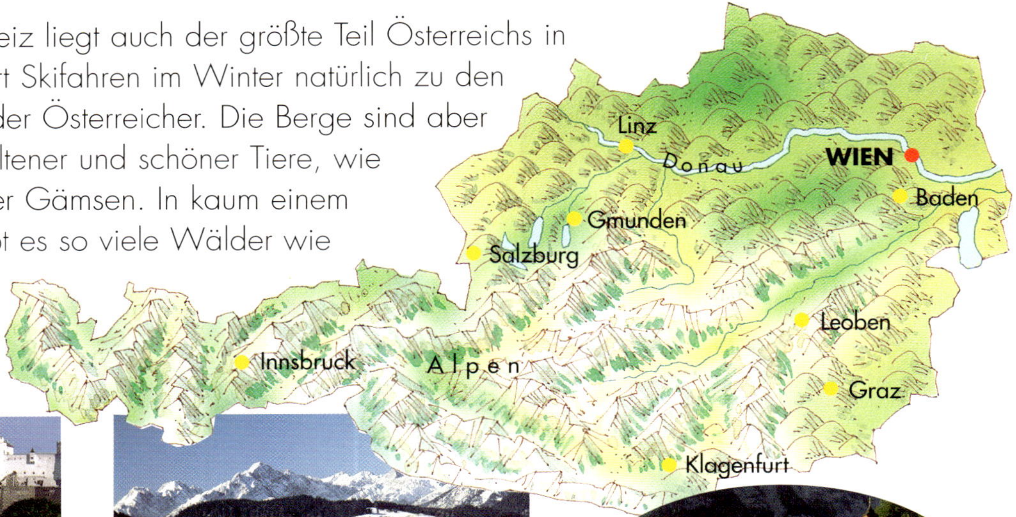

Die Festung Hohensalzburg in Salzburg ist die größte erhaltene Burg Mitteleuropas.

In den österreichischen Bergen kann man im Sommer prima wandern und im Winter Ski fahren.

Das hübsche Städtchen Hallstatt gehört zu den ältesten Städten Österreichs.

Spezialitäten

Wiener Sängerknaben
Den berühmten Knabenchor gibt es seit 500 Jahren.

Lipizzaner
Die prachtvollen Schimmel sind die Stars der Wiener Hofreitschule.

Komponisten
Von hier stammten z. B. Mozart, Haydn und Schubert.

Grafit
Der Rohstoff für Bleistifte wird hier abgebaut und verarbeitet.

Einwohner:	**8,1 Millionen**
Geld:	**Euro**
Sprache:	**Deutsch**
Begrüßung:	**Grüß Gott**
Aussprache:	**grüß god**

Polen

Polen ist ziemlich eben. Deshalb wird hier viel Landwirtschaft betrieben. Erst in Richtung Süden wird das Land ein wenig hügeliger. Dort, in der Gegend um Katowice, liegt eines der größten Kohlevorkommen der Welt. Aus der dort abgebauten Kohle wird die Energie für die vielen polnischen Stahlwerke gewonnen. In Polen gibt es noch viele Störche, die besonders in ländlichen Gebieten auf Dächern und Schornsteinen ihre Nester bauen.

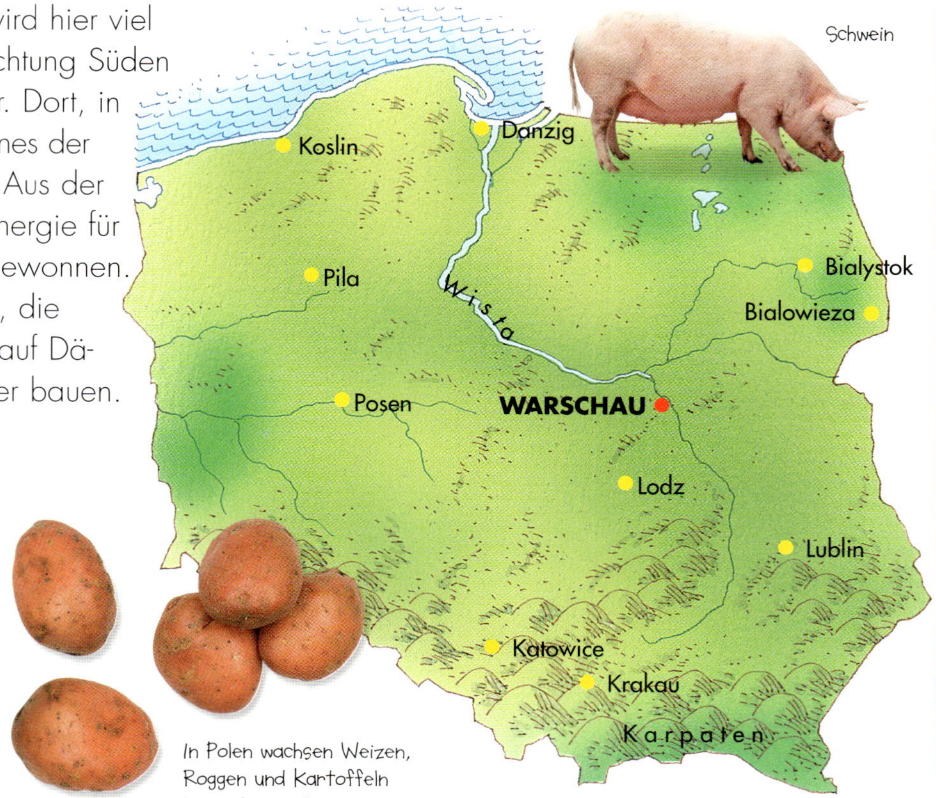

Schwein

Die Warschauer Altstadt wurde nach dem Zweiten Weltkrieg vollständig wieder aufgebaut.

In Polen wachsen Weizen, Roggen und Kartoffeln besonders gut.

Spezialitäten

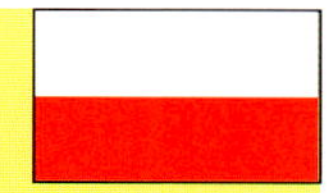

Pökelfleisch
Eine Spezialität, die als Zutat in vielen Gerichten eingesetzt wird

Bigosch
Ein leckerer, sehr sättigender Eintopf

Wisent
Im Bialowieza-Nationalpark gibt es noch einige Exemplare dieser seltenen europäischen Büffelart.

Zink
Dieser Bodenschatz wird vor allem im Süden des Landes abgebaut.

Einwohner:	**38,3 Millionen**
Geld:	**Zloty**
Sprache:	**Polnisch**
Begrüßung:	**Czesc**
Aussprache:	**Tschäsch**

Tschechische Republik

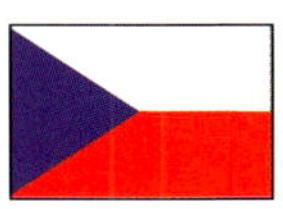

Mit ihrer schönen Landschaft und ihren beeindruckenden Städten ist die Tschechische Republik ein beliebtes Urlaubsziel. Die Hauptstadt Prag liegt am Zusammenfluss der Ströme Moldau und Beraun und gehört sicher zu den schönsten Städten Europas. Böhmen, eine Region im Westen der Republik, ist nicht nur für sein leckeres Essen, sondern vor allem für seine Glasherstellung berühmt. Dazu werden Sand, Soda und Kalkstein geschmolzen und anschließend in die gewünschte Form gebracht. Aus böhmischem Glas werden Schmuck, kunstvolle Fenster und edle Trinkgefäße gefertigt.

Im tschechischen Klima wächst Hopfen, einer der wichtigsten Rohstoffe für Bier, besonders gut. Deshalb wird hier viel Bier gebraut.

In der tschechischen Hauptstadt Prag führen viele malerische Brücken über die Moldau.

Einwohner:	**10,3 Millionen**
Geld:	**Tschechische Krone**
Sprache:	**Tschechisch**
Begrüßung:	**Nazdar**
Aussprache:	**NAH-sdah**

Slowakei

Die Slowakei ist ein recht gebirgiges Land. In der Hohen Tatra, einem Teil der Karpaten im Norden des Landes, sind viele seltene Tiere wie Wölfe, Luchse, Gämse und Nerze zu Hause. Viele Slowaken sind sehr stolz auf ihr Brauchtum.

Einwohner:	**5,4 Millionen**
Geld:	**Slowakische Krone**
Sprache:	**Slowakisch**
Begrüßung:	**Nazdar**
Aussprache:	**NAH-sdah**

Belarus

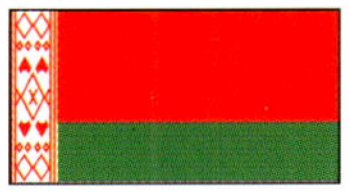

Belarus heißt bei uns auch Weißrussland. Es besteht zu großen Teilen aus weiten Ebenen, größeren Sumpfgebieten und dichten Birken-, Kiefern-, Eichen- und Buchenwäldern. Hier wachsen viele Speisepilze, die getrocknet, mariniert, eingesalzen oder einfach gleich gegessen werden. Eine besondere Spezialität des Landes ist die leckere Pilz-Gersten-Suppe.

In den dichten Wäldern wachsen viele Speisepilze.

In einigen der vielen Wälder Weißrusslands leben noch Elche in freier Wildbahn.

Einwohner:	**10,1 Millionen**
Geld:	**Belarus-Rubel**
Sprache:	**Weißrussisch**
Begrüßung:	**Pryvitannie**
Aussprache:	**pri-VI-tan-nie**

Ukraine

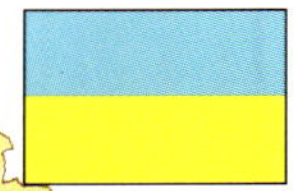

Zucker

Die Ukraine ist eines der fruchtbarsten Länder der ganzen Welt. Auf den weiten Ebenen des Landes werden Unmengen von Weizen, Roggen und Zuckerrüben angebaut. Aus diesen Rüben wird Zucker hergestellt, eines der wichtigsten Produkte der Ukraine. Tief unter der fruchtbaren Erde liegen reiche Vorkommen an Kohle und Metallerzen. Beide Bodenschätze sind die Grundlage für die ukrainische Stahl- und Maschinenindustrie.

Die wunderschöne Sankt-Andreas-Kirche in Kiew mit ihren Zwiebeltürmen.

Einwohner:	**48,7 Millionen**
Geld:	**Griwna**
Sprache:	**Ukrainisch**
Begrüßung:	**Pryvit**
Aussprache:	**pri-vit**

Ungarn

Die Fischerbastei in Budapest

Das ungarische Klima mit heißen Sommern und milden Wintern eignet sich sehr gut für die Landwirtschaft. Besonders häufig werden Paprika angebaut, aus denen das typisch ungarische Gewürzpulver hergestellt wird. Die Hauptstadt Budapest bestand ursprünglich aus den Städten Buda und Pest, die links und rechts der Donau lagen.

Spezialitäten

Gulasch
Die wichtigste Zutat bei diesem Eintopf aus Rindfleisch und Gemüse ist Paprikapulver.

Hologramme
Die 3D-Bilder wurden in Ungarn erfunden.

Paprika
...das Lieblingsgewürz der Ungarn

Einwohner:	**9,9 Millionen**
Geld:	**Forint**
Sprache:	**Ungarisch**
Begrüßung:	**Szia**
Aussprache:	**SI-ja**

Rumänien

In Rumänien gibt es unzählige Märchenschlösser, mittelalterliche Städte und dichte Wälder. Es ist aber auch eines der ärmsten Länder Europas. Die meisten Menschen hier sind Bauern, die bis heute häufig mit Pferdewagen unterwegs sind.

In Rumänien leben viele Roma, ein europäisches Nomadenvolk, das für seine Folklore mit Musik, Tanz und Akrobatik bekannt ist. Der berühmteste Rumänier ist wahrscheinlich Graf Dracula. Die Sage um den transsilvanischen Vampir geht auf den Fürsten Vlad aus Sighisoara zurück, der seine Gegner angeblich pfählte.

Auf den vielen kleinen Märkten Rumäniens wird frisches Obst und Gemüse angeboten.

Einwohner:	**22,3 Millionen**
Geld:	**Leu**
Sprache:	**Rumänisch**
Begrüßung:	**Buna ziua**
Aussprache:	**BU-na SI-ua**

Bulgarien

In Destillerien werden Rosenblätter zu duftendem Öl verarbeitet.

Bulgarien ist ein beliebtes Reiseland. Das liegt z. B. an seinen spektakulären Gebirgslandschaften, den goldenen Stränden am Schwarzen Meer und den vielen Ruinen aus der Römerzeit. Das Klima hier ist sehr angenehm und es gibt Mineralquellen, die besonders gesund sein sollen. Auf weiten Feldern werden Rosen angebaut, deren Blätter zu Rosenöl verarbeitet werden.

Weintrauben wachsen im milden Klima Bulgariens besonders gut.

Einwohner:	**7,8 Millionen**
Geld:	**Lew**
Sprache:	**Bulgarisch**
Begrüßung:	**Dobur Den**
Aussprache:	**dob-ar den**

Serbien und Montenegro

Dieses Land besteht aus zwei Teilrepubliken: Serbien und Montenegro. Der Kosovo, eine Region im Südosten des Landes, wird von den Vereinten Nationen verwaltet. Im Winter kann man hier prima Ski fahren, im Sommer lädt die Mittelmeerküste von Montenegro zum Baden ein. In der Djerdap-Schlucht in den Karpaten liegt eines der größten Wasserkraftwerke ganz Europas.

Jede der vielen Regionen des Landes hat ihre eigene Tracht.

Einwohner:	**10,5 Millionen**
Geld:	**Neuer Dinar/Euro**
Sprache:	**Serbisch/Montenegrinisch**
Begrüßung:	**Zdravo/Dobar dan**
Aussprache:	**zdrah-vo/DO-bar DAN**

Slowenien

Slowenien ist ein hügeliges, stark bewaldetes Land. Deshalb sind Skifahren und Wandern hier auch beliebte Freizeitbeschäftigungen. In den Bergen gibt es viele tiefe Höhlen, in denen einige sehr seltene Tiere leben.

Einwohner:	**2 Millionen**
Geld:	**Tolar**
Sprache:	**Slowenisch**
Begrüßung:	**Zivjo**
Aussprache:	**ziw-jo**

Kroatien

Wegen seiner zerklüfteten Küste und den 1.185 Inseln ist Kroatien bei Urlaubern sehr beliebt. In Split steht einer der schönsten römischen Paläste der Welt. Er stammt aus dem Jahre 295.

Die ersten Dalmatiner wurden hier gezüchtet.

Einwohner:	**4,7 Millionen**
Geld:	**Kuna**
Sprache:	**Kroatisch**
Begrüßung:	**Dobar dan**
Aussprache:	**Dobar-DAN**

Bosnien-Herzegowina

In Bosnien-Herzegowina leben viele verschiedene Bevölkerungsgruppen zusammen, vor allem Serben, Kroaten und bosnische Moslems. Das Land ist sehr reich an Seen und Wäldern.

Einwohner:	**3,9 Millionen**
Geld:	**Konvertible Mark**
Sprache:	**Bosnisch u. a.**
Begrüßung:	**Zdravo**
Aussprache:	**sdrah-wo**

Mazedonien

Das wunderschöne, grüne Land Mazedonien wird leider häufig von Erdstößen und -beben geplagt. Das wichtigste Produkt der Landwirtschaft ist Tabak.

Tabak

Einwohner:	**2,1 Millionen**
Geld:	**Denar**
Sprache:	**Mazedonisch**
Begrüßung:	**Prijatno**
Aussprache:	**pri-JAT-no**

Moldawien

Im milden Klima Moldawiens gedeihen Sonnenblumen besonders gut.

Moldawien, auch unter dem Namen Moldau bekannt, ist ein recht armes Land, das vor allem vom Getreide-, Gemüse- und Obstanbau lebt.

Einwohner:	**4,3 Millionen**
Geld:	**Moldau-Leu**
Sprache:	**Moldawisch**
Begrüßung:	**Buna ziua**
Aussprache:	**BU-na SI-ua**

Zypern

Die Insel Zypern ist seit mehr als 30 Jahren in den griechisch besiedelten Süden und den von einer türkischen Minderheit bewohnten Norden geteilt. Auf der Insel gibt es viele hochinteressante Burgen und Ruinen.

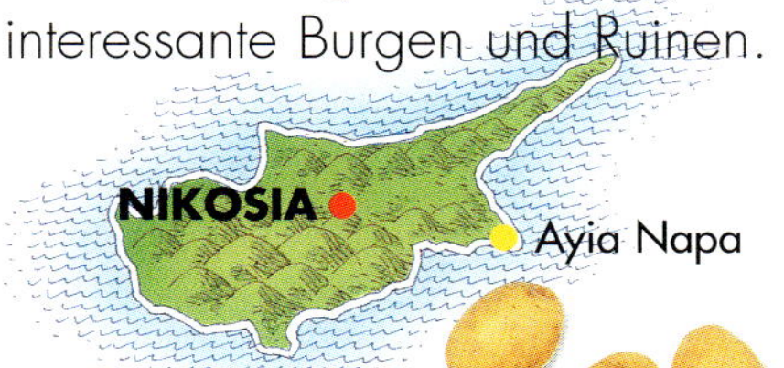

Auf der sonnigen Insel wachsen Kartoffeln und Zitrusfrüchte gut.

Einwohner:	**797.000**
Geld:	**Zypern-Pfund**
Sprache:	**Griechisch/Türkisch**
Begrüßung:	**Kalimera/Merhaba**
Aussprache:	**ka-li-ME-ra/MER-ha-ba**

Türkei

Die Türkei ist ein großes Land mit einer abwechslungsreichen Landschaft, die von felsigen Küsten über grasbewachsene Ebenen bis hin zu Bergen und fruchtbaren Tälern reicht. Im Inneren des Landes weiden große Schafherden, die die Wolle für die berühmten türkischen Teppiche liefern. Istanbul, die größte Stadt des Landes, ist die einzige Stadt Europas, die auf zwei verschiedenen Kontinenten liegt: Der Teil westlich des Bosporus gehört noch zu Europa, der östlich bereits zu Asien.

Schafwolle ist weich, aber robust.

Nüsse und Dörrobst sind eine beliebte Knabberei in der Türkei.

Der Basar in Istanbul ist ein orientalisches „Einkaufszentrum" mit vielen bunten Geschäften.

Die Türkei gehört sowohl zu Europa als auch zu Asien. Das sieht man auch an der Architektur.

Spezialitäten

Kebab
Das am Spieß („Kebab") gegrillte Fleisch ist auch bei uns sehr beliebt.

Türkischer Honig
Süßer als bei dieser türkischen Nascherei geht es kaum.

Bauchtanz
Ursprünglich war dieser traditionelle Tanz ein Fruchtbarkeitsritual.

Teppiche
Die Türkei ist berühmt für ihre wertvollen, farbenfrohen und schön gemusterten Teppiche.

Einwohner:	**68,6 Millionen**
Geld:	**Türkische Lira**
Sprache:	**Türkisch**
Begrüßung:	**Merhaba**
Aussprache:	**MER-ha-ba**

Albanien

Albanien ist das ärmste Land in Europa. Die albanische Landschaft wird von schroffen Bergen und den steilen Klippen und wunderschönen Buchten an der Mittelmeerküste bestimmt. Hier am Meer leben die äußerst seltenen dalmatinischen Pelikane.

Einwohner:	**3,2 Millionen**
Geld:	**Lek**
Sprache:	**Albanisch**
Begrüßung:	**Mire dite**
Aussprache:	**mier-di-tä**

Malta

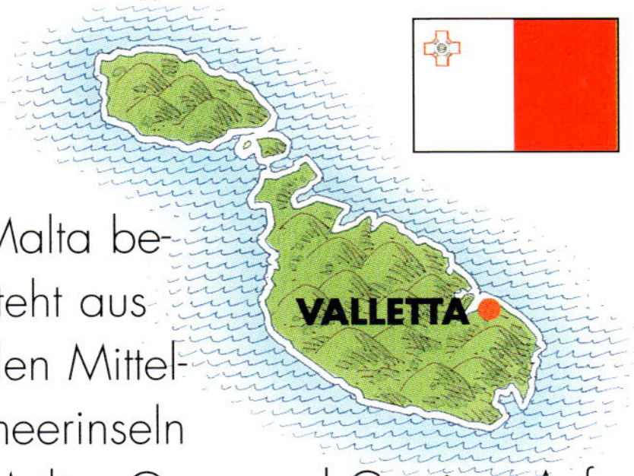

Malta besteht aus den Mittelmeerinseln Malta, Gozo und Comino. Auf Malta befinden sich einige der ältesten Bauwerke der Welt: über 5.000 Jahre alte Steinzeittempel.

Nougat ist eine hiesige Spezialität.

Einwohner:	**393.000**
Geld:	**Maltesische Lira**
Sprache:	**Maltesisch**
Begrüßung:	**Merhba**
Aussprache:	**MERH-ba**

Russische Föderation

Sibirische Tiger gibt es nur noch ganz selten.

Im kalten Klima des Landes wächst Roggen besser als Weizen. Deshalb gibt es hier häufiger Roggenbrot.

Die traditionelle russische Rote-Bete-Suppe heißt „Borschtsch".

Wodka

Schachfiguren

Von seiner Fläche her ist die Russische Föderation, kurz auch einfach Russland, das größte Land der Erde. Von Westen nach Osten misst es über 9.600 km und überspannt elf Zeitzonen. Die Region Kaliningrad an der Ostseeküste ist durch Litauen und Lettland vom Rest des riesigen Staatsgebiets getrennt. Das Ural-Gebirge bildet die natürliche Grenze zwischen Europa im Westen und Asien im Osten der Russischen Föderation. Trotz seiner gewaltigen Größe ist Russland an der Einwohnerzahl gemessen nur das siebtgrößte Land der Welt. Im kleineren europäischen Teil leben 80 % der Bevölkerung, die restlichen 20 % verteilen sich auf das riesige asiatische Gebiet. Deshalb gibt es hier noch viel unbesiedelte Steppe und dichte Wälder. In Sibirien liegt das größte Waldgebiet des Planeten. Hier sind Elche, Braunbären, Zobel und andere seltene Tiere zu Haus. Auch der tiefste See der Erde, der Baikalsee, liegt in Russland. Er fasst ein Viertel der gesamten Süßwassermenge der Welt.

Die Ballettschulen in Moskau und St. Petersburg sind weltberühmt.

Spezialitäten

Raumfahrt
Der Russe Juri Gagarin war der erste Mensch im Weltraum. Er umkreiste 1961 die Erde.

Kaviar
Diese Fischeier gelten als große Delikatesse und werden meist auf Kräckern serviert.

Schach
Viele der weltbesten Schachspieler waren und sind Russen.

Wodka
Der klare Kartoffelschnaps ist das russische Nationalgetränk.

Ballett
Russisches Ballett ist weltberühmt.

Einwohner:	**143 Millionen**
Geld:	**Rubel**
Sprache:	**Russisch**
Begrüßung:	**Sdrastwujtje**
Aussprache:	**ssDRAST-vuit-je**

Viele russische Kirchen haben bunte Zwiebeltürme, wie hier die Basilius-Kathedrale in Moskau.

Der Braunbär, der in vielen russischen Wäldern ansässig ist, ist das Wappentier des Landes.

Der Katharinenpalast in Puschkin ist eines der schönsten Schlösser Russlands.

Kasachstan

Kasachstan besteht zum größten Teil aus weiten, grasbewachsenen Steppen. In den Wüsten im Süden leben Wüstenspringmäuse, die viel größer sind als die, die man bei uns als Haustiere kaufen kann.

Einwohner:	**16 Millionen**
Geld:	**Tenge**
Sprache:	**Kasachisch**
Begrüßung:	**Salom**
Aussprache:	**sa-LAHM**

Usbekistan

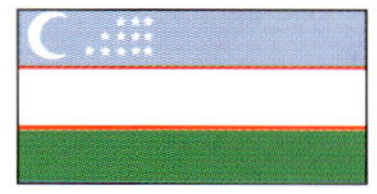

In Usbekistan wird vor allem Baumwolle angebaut. Da die Felder aus dem riesigen Aralsee bewässert werden, ist der See bereits stark geschrumpft. Das hatte sogar schon Klimaveränderungen zur Folge.

Einwohner:	**25,6 Millionen**
Geld:	**Usbekistan-Sum**
Sprache:	**Usbekisch**
Begrüßung:	**Salaam a'alaykum**
Aussprache:	**sa-LAHM a a-LAI-kum**

Kirgisistan

Ein großer Teil dieses bergreichen Landes ist ständig von Schnee bedeckt. Der See Issyk-Kul jedoch ist salzhaltig und friert deshalb niemals zu. Hier gibt es wilde Schneeleoparden.

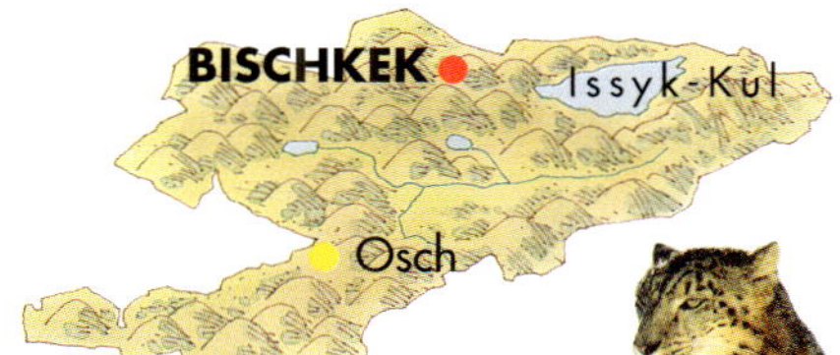

Schnee-
leopard

Einwohner:	**5 Millionen**
Geld:	**Som**
Sprache:	**Kirgisisch**
Begrüßung:	**Salaam**
Aussprache:	**sa-LAHM**

Tadschikistan

In Tadschikistan gibt es im Sommer Sand- und im Winter Schneestürme. In den tiefer gelegenen Bergregionen leben noch wilde Wölfe.

Wolf

Einwohner:	**6,2 Millionen**
Geld:	**Somoni**
Sprache:	**Tadschikisch**
Begrüßung:	**Salom**
Aussprache:	**sa-LOM**

Georgien

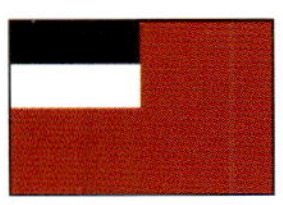

In Georgien gibt es Strände, schneebedeckte Berge und weite Ebenen, auf denen bunte Blumen wachsen. Deshalb ist das warme Land ein beliebtes Ziel für Touristen.

In Georgien werden Zitronen, Limonen und Aprikosen angebaut.

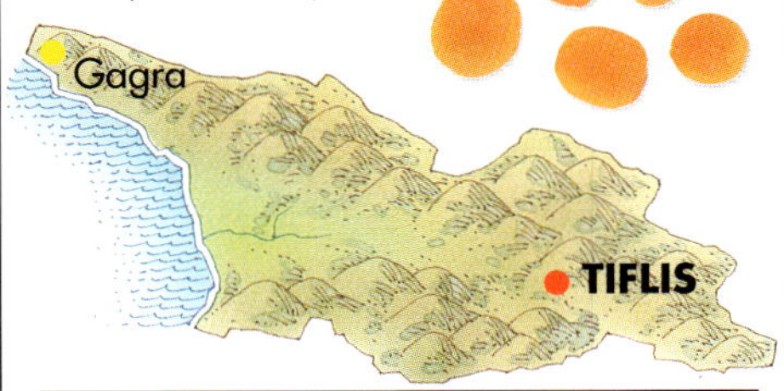

Einwohner:	**5,2 Millionen**
Geld:	**Lari**
Sprache:	**Georgisch**
Begrüßung:	**Gamarjobet**
Aussprache:	**ga-mar-dscho-bät**

Armenien

Walnüsse

Armenien ist ein sehr gebirgiges Land. Im Sommer kann es hier sehr heiß, im Winter ziemlich kalt werden. Leider gibt es häufig starke Erdbeben. Eine Spezialität des Landes sind mit Traubensirup gesüßte Walnüsse.

Einwohner:	**3,8 Millionen**
Geld:	**Dram**
Sprache:	**Armenisch**
Begrüßung:	**Parev**
Aussprache:	**bar-ev**

Turkmenistan

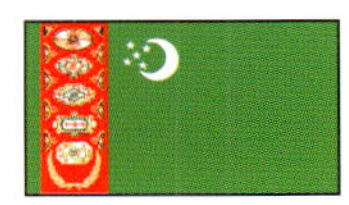

Im Verhältnis zu seiner Größe hat Turkmenistan nur sehr wenige Einwohner. Das liegt daran, dass 80 % des Landes Wüste sind. Im Gebirge Kugitangtau kann man Fußspuren von Dinosauriern sehen.

Einwohner:	**4,9 Millionen**
Geld:	**Turkmenistan-Manat**
Sprache:	**Turkmenisch**
Begrüßung:	**Salaam**
Aussprache:	**sa-LAHM**

Aserbaidschan

Seit vielen Jahren wird in dem kleinen Land am Kaspischen Meer Öl gefördert. Deshalb wurde hier auch die erste Pipeline der Welt verlegt. Sie war noch aus Holz.

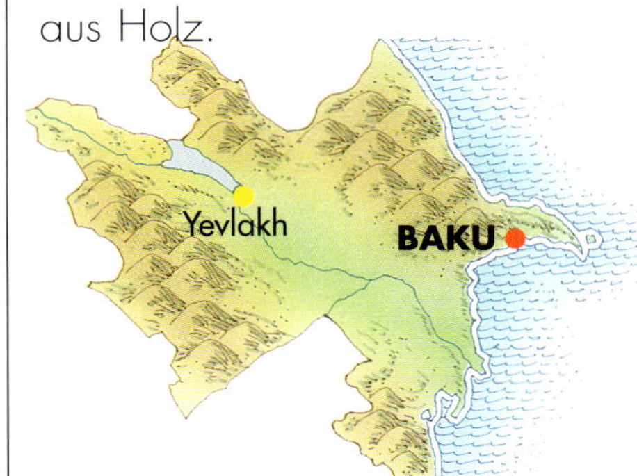

Einwohner:	**8,1 Millionen**
Geld:	**Aserbaidschan-Manat**
Sprache:	**Aserbaidschanisch**
Begrüßung:	**Salam**
Aussprache:	**sa-LAHM**

Iran

Der Iran ist ein gebirgiges Land mit vielen noch aktiven Vulkanen. Erdbeben sind hier keine Seltenheit. Außerdem ist es meistens sehr windig. Im Sommer können die Winde, die über das Land fegen, eine Geschwindigkeit von bis zu 100 km/h erreichen. Die riesige Salzwüste, die sich durch das Land zieht, ist bis heute nicht erforscht, weil das Gelände viel zu gefährlich ist.

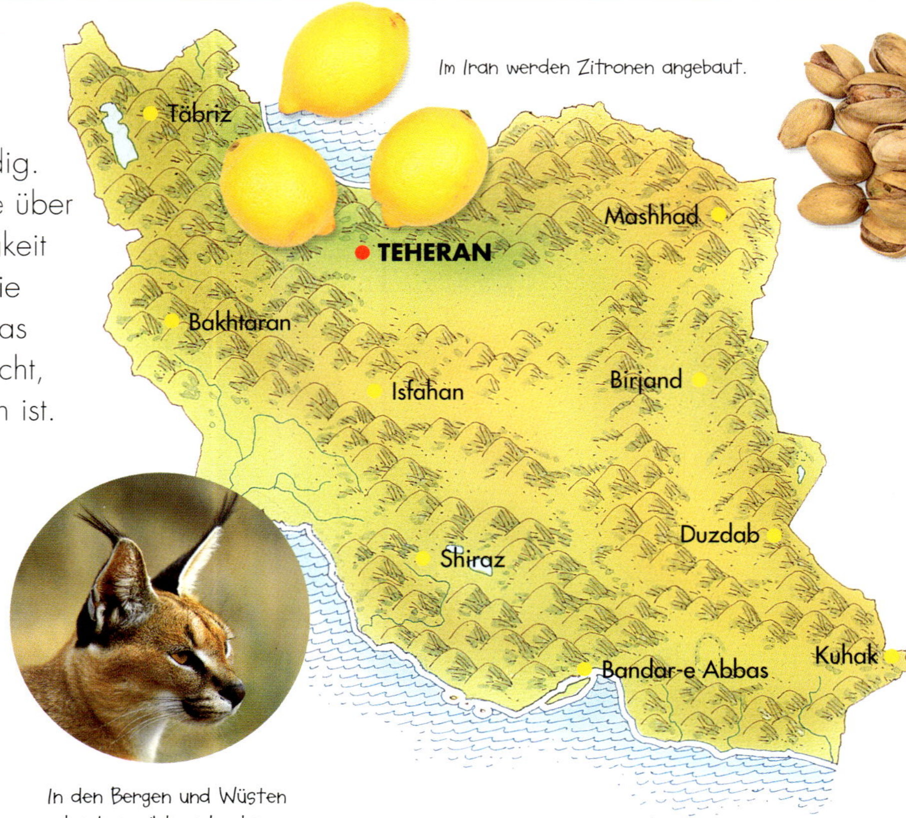

Im Iran werden Zitronen angebaut.

Auch Pistazien wachsen hier gut.

Iranische Frauen in ihrer traditionellen islamischen Kleidung, der Burkha

Die Zitadelle von Bam, einer aus Lehm erbauten Stadt im Südosten des Iran

In den Bergen und Wüsten des Iran gibt es Luchse.

Einwohner:	**70 Millionen**
Geld:	**Rial**
Sprache:	**Persisch/Farsi**
Begrüßung:	**Sa'lem**
Aussprache:	**sah-LEM**

Israel

Israel ist ein kleines Land mit fruchtbaren Tälern, weißen Stränden, kargen Wüsten und sanften Hügeln. Für die großen Weltreligionen ist Israel von ganz besonderer Bedeutung, denn hier befinden sich wichtige Heiligtümer des Juden- und Christentums ebenso wie des Islam. Nur etwa ein Viertel der Bewohner wurde auch hier geboren, der Rest ist aus mehr als 100 verschiedenen Ländern nach Israel eingewandert.

Der islamische Felsendom auf dem Tempelberg in Jerusalem

Orangen aus Israel werden in die ganze Welt exportiert.

Spezialitäten

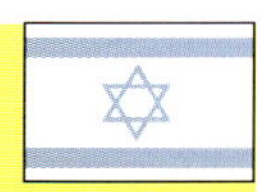

Totes Meer
Das Tote Meer liegt 400 m unter dem Meeresspiegel und ist damit der tiefste Ort der Erde. Sein Wasser enthält achtmal so viel Salz wie andere Meere.

Heiligtümer des Judentums
Touristen aus aller Welt besuchen die berühmte Klagemauer oder die Ruinen des Salomontempels.

Einwohner:	**6,3 Millionen**
Geld:	**Schekel**
Sprache:	**Hebräisch**
Begrüßung:	**Shalom**
Aussprache:	**scha-LOM**

Palästina

Zwei Gebiete in Israel stehen unter palästinensischer Verwaltung: Der Gazastreifen und das Westjordanland, die so genannte „West Bank". Die Palästinenser möchten hier einen unabhängigen Staat gründen.

Einwohner:	**3,5 Millionen**
Geld:	**Jordan-Dinar**
Sprache:	**Arabisch**
Begrüßung:	**Salaam a'alaykum**
Aussprache:	**sa-LAHM a a-LAI-kum**

Irak

Der Irak besteht zum größten Teil aus Wüste. Allerdings fließen zwei große Flüsse quer durch das Land: der Euphrat und der Tigris. Das Einzugsgebiet dieser Flüsse ist als „Mesopotamien" bekannt und gilt als die Wiege der menschlichen Zivilisation. Hier entstanden die ersten Städte der Welt. Das fruchtbare Land in der Umgebung der Ströme wird normalerweise zum Anbau von Datteln und Baumwolle genutzt. In den letzten Jahren jedoch wurde der Irak von Kriegen erschüttert, so dass es der Bevölkerung zur Zeit sehr schlecht geht.

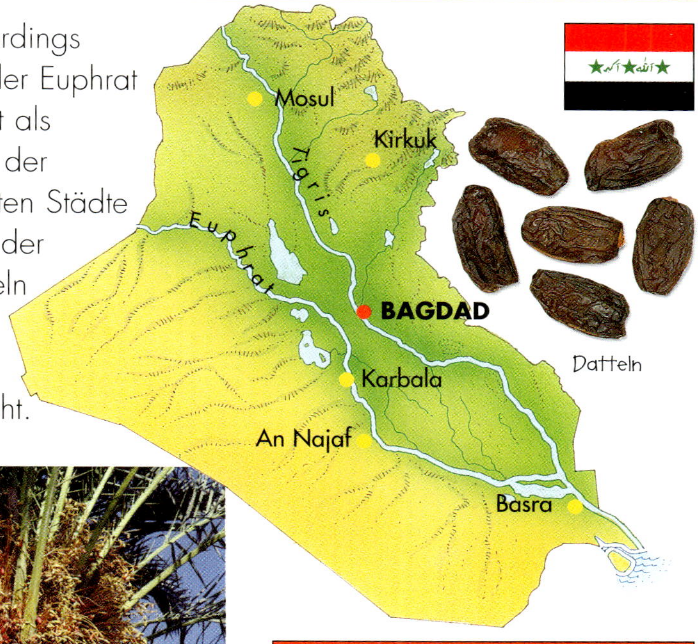

In der irakischen Hauptstadt Bagdad gibt es viele alte Moscheen.

In den fruchtbaren Flusstälern von Euphrat und Tigris wachsen riesige Dattelpalmen.

Einwohner:	**23,2 Millionen**
Geld:	**Irak-Dinar**
Sprache:	**Arabisch**
Begrüßung:	**Salaam a'alaykum**
Aussprache:	**sa-LAHM a a-LAI-kum**

Saudi-Arabien

Saudi-Arabien ist ein sandiger Wüstenstaat, der von der Saud Ibn Saud-Familie regiert wird. Ein Viertel der gesamten Ölvorräte der Erde liegen hier, was Saudi-Arabien zu einem ungeheuer reichen Land macht. Mohammed, der große Prophet und Begründer des islamischen Glaubens, wurde hier, in der Stadt Mekka, geboren. Deshalb pilgern Jahr für Jahr etwa zwei Millionen Moslems nach Mekka. Um all die Gläubigen zu transportieren, braucht man mehr als 20.000 Busse.

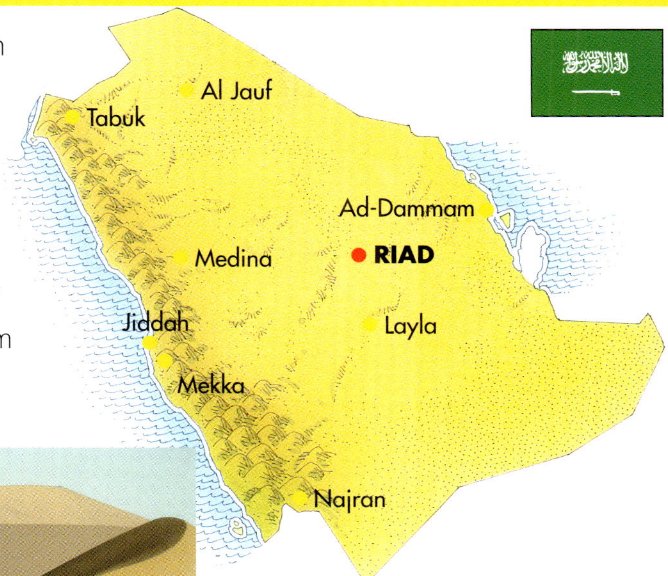

Jeder gläubige Moslem sollte einmal im Leben eine Pilgerfahrt nach Mekka machen.

Saudi-Arabien besteht zum größten Teil aus Sandwüsten mit gewaltigen Dünen.

Einwohner:	**21,7 Millionen**
Geld:	**Saudi-Riyal**
Sprache:	**Arabisch**
Begrüßung:	**Salaam a'alaykum**
Aussprache:	**sa-LAHM a a-LAI-kum**

Syrien

Jenseits der Küste ist Syrien ein ziemlich trockenes Land. Sandstürme sind hier fast an der Tagesordnung. Früher lag Syrien an einer bedeutenden Handelsroute und wurde deshalb häufig angegriffen und besetzt. Aus diesem Grund kann man hier die Überreste vieler verschiedener Kulturen sehen. Besonders beeindruckend ist die antike römische Stadt Palmyra. In Ugarit entstand das erste Alphabet überhaupt.

Bis heute sind Kamele in Syrien wichtige Arbeitstiere.

Die Kuppel der Sayyida Ruqayya-Moschee in der syrischen Hauptstadt Damaskus.

Einwohner:	**17 Millionen**
Geld:	**Syrisches Pfund**
Sprache:	**Arabisch**
Begrüßung:	**Salaam a'alaykum**
Aussprache:	**sa-LAHM a a-LAI-kum**

Bahrain

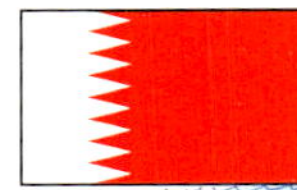

Bahrain besteht aus 33 Inseln. Das Land lebt vor allem von der Rohölverarbeitung. Die meisten Lebensmittel müssen importiert werden.

In den seichten Gewässern rund um die Inseln von Bahrain leben viele Watvögel wie Flamingos.

Einwohner:	**663.000**
Geld:	**Bahrain-Dinar**
Sprache:	**Arabisch**
Begrüßung:	**Salaam a'alaykum**
Aussprache:	**sa-LAHM a a-LAI-kum**

Jordanien

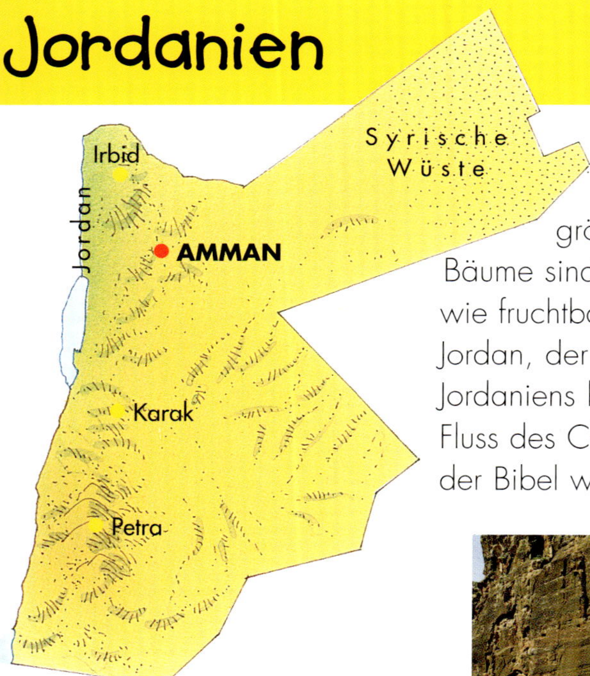

Jordanien besteht zum größten Teil aus Wüste. Bäume sind hier ebenso selten wie fruchtbares Land. Der Fluss Jordan, der die westliche Grenze Jordaniens bildet, ist ein heiliger Fluss des Christentums, denn nach der Bibel wurde Jesus hier getauft.

Die „rote Stadt" Petra wurde vor über 2.000 Jahren in massive Felsen gehauen.

Einwohner:	**5,2 Millionen**
Geld:	**Jordan-Dinar**
Sprache:	**Arabisch**
Begrüßung:	**Salaam a'alaykum**
Aussprache:	**sa-LAHM a a-LAI-kum**

Vereinigte Arabische Emirate

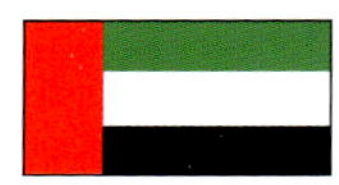

Dieser Wüstenstaat entstand aus dem Zusammenschluss von sieben Emiraten. Staatschef ist der Scheich des größten Emirats Abu Dhabi. Weil es hier sehr viel Öl gibt, ist das Land ungeheuer reich.

Einwohner:	**2,7 Millionen**
Geld:	**Dirham**
Sprache:	**Arabisch**
Begrüßung:	**Salaam a'alaykum**
Aussprache:	**sa-LAHM a a-LAI-kum**

Jemen

Der Jemen ist ein armer Wüstenstaat. Im Osten ist es heiß und trocken, entlang der Küste ebenso heiß, aber feucht. Weil es hier praktisch kein Süßwasser gibt, sind die Menschen bei der Wasserversorgung auf Oasen angewiesen.

Einwohner:	**19,9 Millionen**
Geld:	**Jemen-Rial**
Sprache:	**Arabisch**
Begrüßung:	**Salaam a'alaykum**
Aussprache:	**sa-LAHM a a-LAI-kum**

Afghanistan

In Afghanistan gibt es nur wenige Eisenbahnstrecken oder Straßen, sodass fast alle Güter auf Lasttieren durch die fruchtbaren Täler, die Wüstengebiete und die Berge des Landes transportiert werden müssen. Die meisten Bewohner Afghanistans sind Bauern, die zur Versorgung ihrer Familien Gemüse und Getreide anbauen.

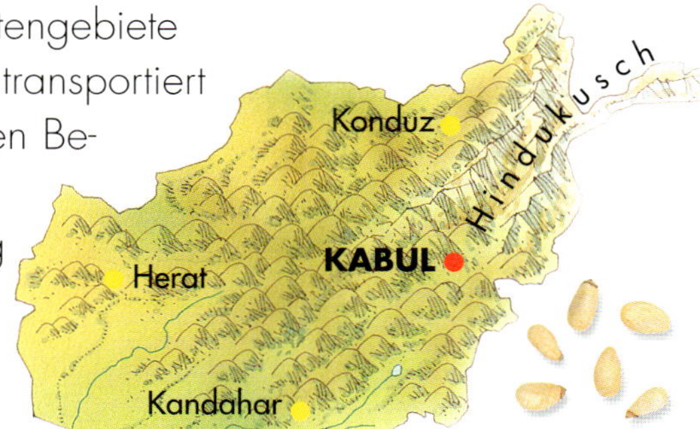

In den Bergen wachsen Pinien, deren Zapfen leckere Kerne enthalten.

In der afghanischen Küche sind Feigen eine beliebte Zutat.

Einwohner:	**23,3 Millionen**
Geld:	**Afghani**
Sprache:	**Paschtu**
Begrüßung:	**Sosrigal**
Aussprache:	**sos-ri-gahl**

Kuwait

In Kuwait gibt es Kies- und Sandwüsten. Das Wasser, das die Bewohner zum Leben und zur Bewässerung ihrer Felder brauchen, muss tief aus der Erde gepumpt oder mühsam aus Meerwasser gewonnen werden.

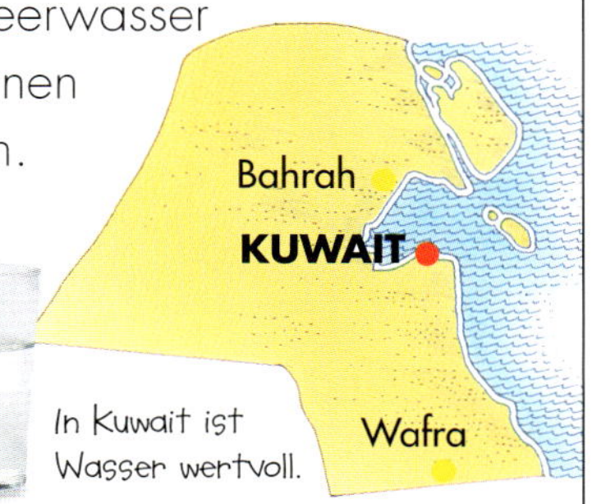

In Kuwait ist Wasser wertvoll.

Einwohner:	**2 Millionen**
Geld:	**Kuwait-Dinar**
Sprache:	**Arabisch**
Begrüßung:	**Salaam a'alaykum**
Aussprache:	**sa-LAHM a a-LAI-kum**

Oman

Datteln

Der Staat im Süden der Arabischen Halbinsel wird bis heute von einem Sultan regiert. Hier sind viele seltene Tiere zu Hause, wie z. B. Wasserschildkröten, die bis zu zwei Meter lang werden.

Einwohner:	**2,7 Millionen**
Geld:	**Rial Omani**
Sprache:	**Arabisch**
Begrüßung:	**Salaam a'alaykum**
Aussprache:	**sa-LAHM a a-LAI-kum**

Libanon

Der Libanon ist eines der kleinsten Länder der Erde. Er ist nur ungefähr 170 km lang und 50 km breit. In den Bergen des Landes wächst die riesige Libanonzeder, eine Kiefernart, die bis zu 40 Meter hoch wird. Die Stadt Byblos ist schon seit etwa 9.000 Jahren besiedelt und damit eine der ältesten Städte der Welt.

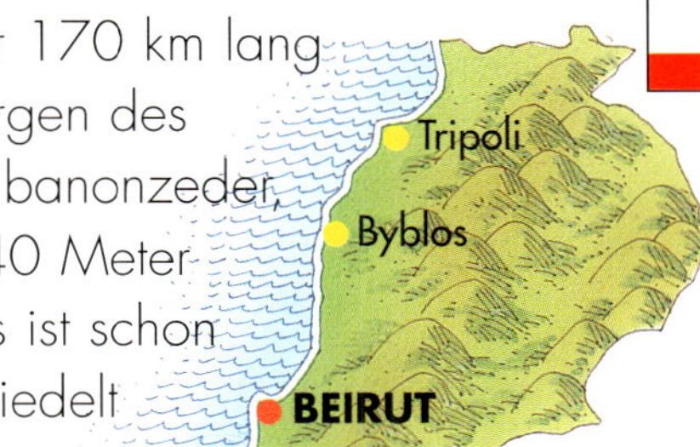

Falafel und Hummus sind beliebte Snacks.

In den libanesischen Bergen leben verschiedene Arten von Adlern.

Einwohner:	**3,6 Millionen**
Geld:	**Libanesisches Pfund**
Sprache:	**Arabisch**
Begrüßung:	**Salaam a'alaykum**
Aussprache:	**sa-LAHM a a-LAI-kum**

Katar

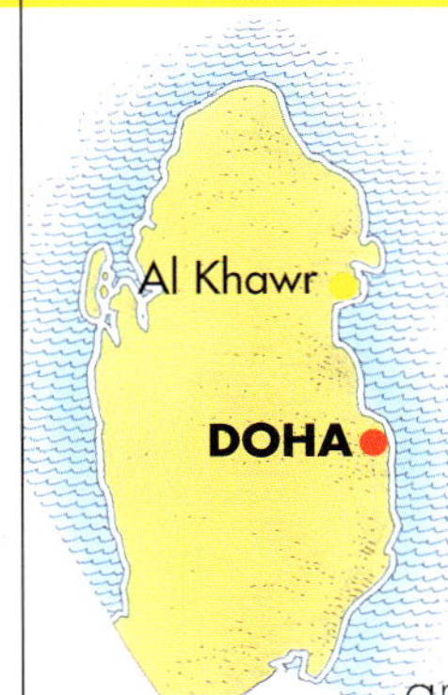

Katar liegt auf einer Halbinsel im Persischen Golf. Das Land besteht zum großen Teil aus Kieswüste. Pflanzen sind hier eher selten. Im Sommer wird es in Katar bis zu 50 °C heiß und Sandstürme fegen über das karge Land.

Einwohner:	**584.000**
Geld:	**Katar-Riyal**
Sprache:	**Arabisch**
Begrüßung:	**Salaam a'alaykum**
Aussprache:	**sa-LAHM a a-LAI-kum**

Indien

Indien ist ein riesiges Land, das fast den ganzen Indischen Subkontinent einnimmt. Nur in China leben noch mehr Menschen als hier. Die Bewohner gehören vielen unterschiedlichen Volksstämmen und Religionen an, deshalb werden hier mindestens 24 verschiedene Sprachen gesprochen. Auch landschaftlich ist Indien sehr vielseitig. Hier gibt es schneebedeckte Berge, riesengroße Wälder und heiße Flachlandgebiete. In den meisten Teilen Indiens wechseln sich drei „Jahreszeiten" ab: eine heiße, eine nasse und eine kühle. Der Ganges, der das Land im Nordosten durchfließt, ist der heilige Fluss der Hindus. Er dient den Indern nicht nur als Waschzuber oder Badewanne, an seinen Ufern werden auch die Toten verbrannt.

Der Tiger ist das Wappentier Indiens. In den dichten Urwäldern des Landes leben noch einige dieser seltenen Tiere.

Mit mehr als neun Millionen Einwohnern ist Bombay eine der größten Städte der Welt.

Besonders scharfe Chilischoten werden in Indien gerne beim Kochen verwendet.

In Indien wird mehr Tee angebaut als in jedem anderen Land der Erde.

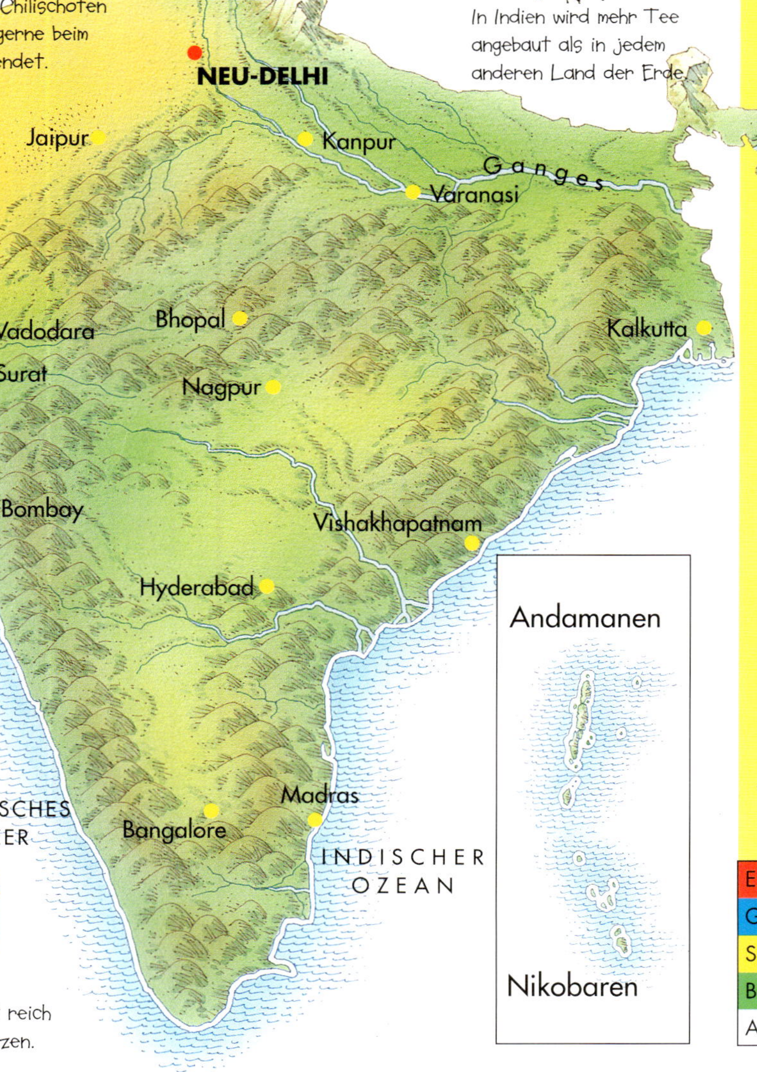

Das wunderschöne Taj Mahal ist wohl das berühmteste Gebäude Indiens.

Der Sari, ein Wickelkleid, ist die traditionelle Kleidung indischer Frauen.

Die indische Küche ist reich an raffinierten Gewürzen.

Spezialitäten

Cricket
Diese ursprünglich britische Sportart ist bei den Indern sehr beliebt.

Tempel
Dank der vielen verschiedenen Religionen gibt es in Indien unzählige herrliche Tempel.

Heilige Kühe
Weil Kühe in Indien heilig sind, dürfen sie überall frei herumlaufen.

„Bollywood"
Bombay ist die Hauptstadt der indischen Filmindustrie. Hier werden weit mehr Filme produziert als in Hollywood, daher der Beiname „Bollywood".

Curry
In Indien wird eigentlich zu jeder Tageszeit Curry gegessen, sogar morgens zum Frühstück.

Einwohner:	**1,04 Milliarden**
Geld:	**Indische Rupie**
Sprache:	**Hindi**
Begrüßung:	**Namaste**
Aussprache:	**na-mas-TÄ**

Pakistan

Viele pakistanische Lastwagenfahrer dekorieren ihre Autos sehr liebevoll.

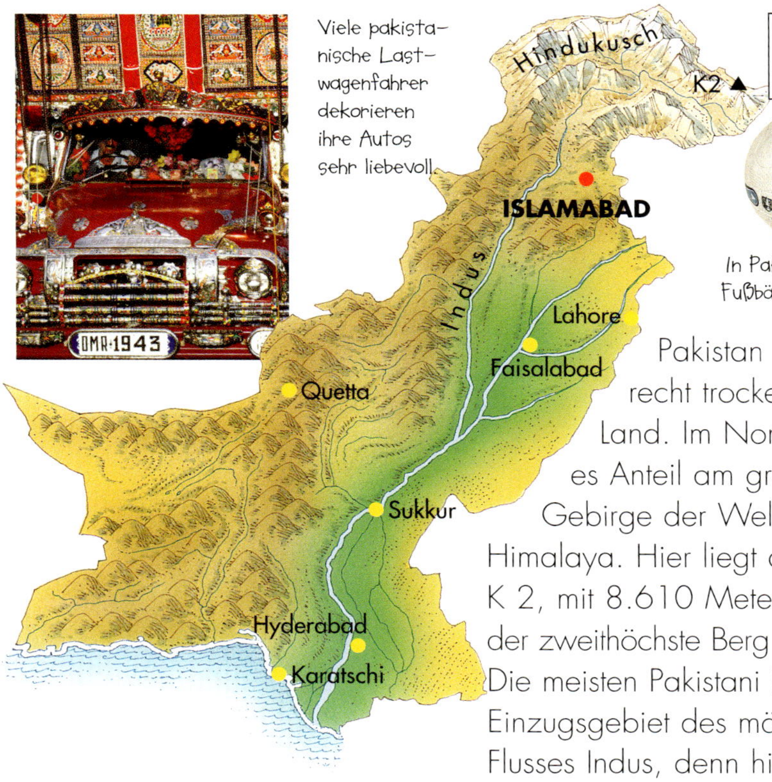

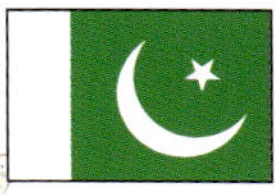

In Pakistan werden Fußbälle hergestellt.

Pakistan ist ein recht trockenes Land. Im Norden hat es Anteil am größten Gebirge der Welt, dem Himalaya. Hier liegt auch der K 2, mit 8.610 Metern Höhe der zweithöchste Berg der Erde. Die meisten Pakistani leben im Einzugsgebiet des mächtigen Flusses Indus, denn hier ist der Boden fruchtbar und sie können Landwirtschaft betreiben. Das wichtigste Erzeugnis und Exportgut des Landes ist Baumwolle.

Im Norden Pakistans liegt der majestätische K 2 im gewaltigen Himalaya-Gebirge.

Einwohner:	**149 Millionen**
Geld:	**Pakistanische Rupie**
Sprache:	**Urdu**
Begrüßung:	**Salaam**
Aussprache:	**sa-LAHM**

Nepal

Das so genannte „Dach der Welt", der Himalaya, lockt viele Touristen nach Nepal. Auch der Mount Everest gehört zum Staatsgebiet.

Mit 8.848 Metern Höhe ist der Mount Everest der höchste Berg der Welt.

Einwohner:	**24,2 Millionen**
Geld:	**Rupie**
Sprache:	**Nepali**
Begrüßung:	**Namaste**
Aussprache:	**na-mas-TÄ**

Bangladesch

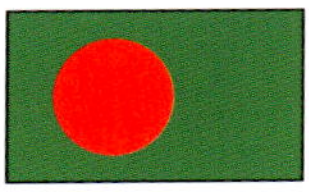

In Bangladesch münden die riesigen Ströme Ganges und Brahmaputra ins Meer. Deshalb hat das Land häufig unter Flutkatastrophen zu leiden.

Einwohner:	**143 Millionen**
Geld:	**Taka**
Sprache:	**Bengali**
Begrüßung:	**Kamon achho**
Aussprache:	**kai-mon-atsch-ho**

Sri Lanka

Jedes Jahr werden auf Sri Lanka über 300.000 Tonnen Tee geerntet. Die so genannte „Juweleninsel" ist aber auch für ihre vielen Edelsteine und den daraus hergestellten Schmuck bekannt.

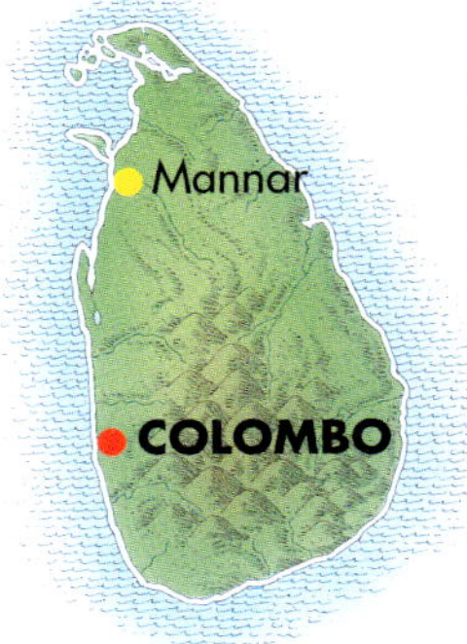

Geschmückte Elefanten bei einer Parade

Einwohner:	**19,3 Millionen**
Geld:	**Sri-Lanka-Rupie**
Sprache:	**Singhalesisch**
Begrüßung:	**Ayubowan**
Aussprache:	**a-ju-bo-wang**

Bhutan

Der Name dieses kleinen Staates im Himalaya bedeutet „Donnerdrache". So heißen auch die Stürme, die vom Gebirge herunterziehen. Die Menschen halten Yaks als Lieferanten für Milch und Fleisch.

Einwohner:	**2,05 Millionen**
Geld:	**Ngultrum**
Sprache:	**Dzongkha**
Begrüßung:	**Kuzug zangpo**
Aussprache:	**ku-zug-schang-po**

Malediven

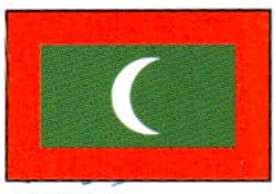

Die Malediven bestehen aus mehr als 1.200 Inseln. Mit ihren Traumstränden und Korallenriffen voller bunter Fische ziehen sie viele Touristen an.

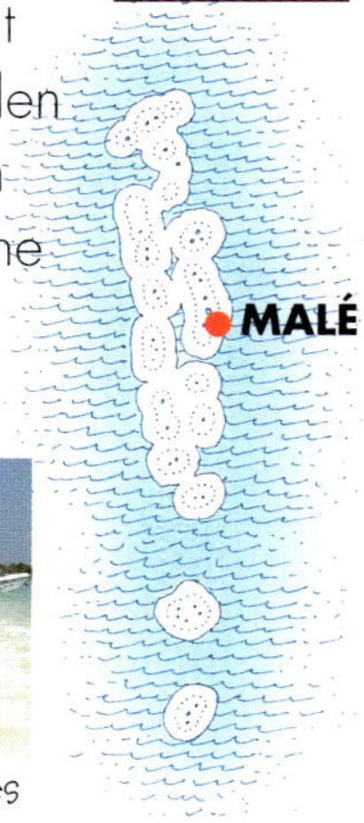

Auf den Malediven gibt es zahlreiche weiße Strände.

Einwohner:	**309.000**
Geld:	**Rufiyaa**
Sprache:	**Dhivehi**
Begrüßung:	**Salaam a'alaykum**
Aussprache:	**sa-LAHM a a-LAI-kum**

Myanmar

Dieses heiße, tropisch feuchte Land ist reich an natürlichen Rohstoffen. Die wichtigsten sind Holz, vor allem das dunkle Teakholz, und kostbare Edelsteine, wie Diamanten und Rubine. Die Bewohner Myanmars trinken besonders gerne Zuckerrohrsaft.

In Myanmar werden kostbare Rubine abgebaut.

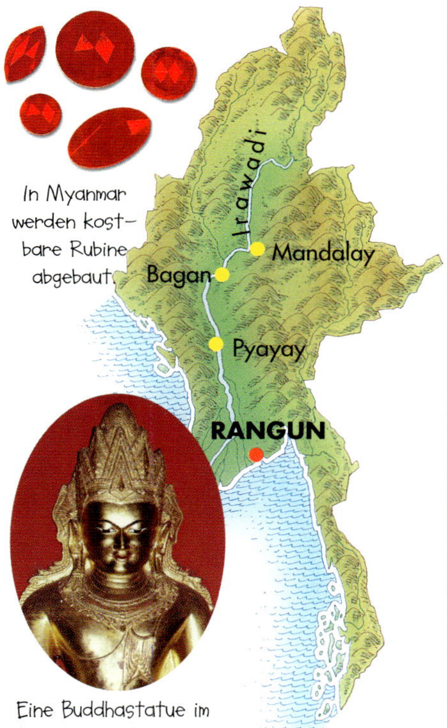

Eine Buddhastatue im Palast von Mandalay

Der buddhistische Htilominlo-Tempel in Bagan ist nur einer von sehr vielen in Myanmar.

Einwohner:	**49 Millionen**
Geld:	**Kyat**
Sprache:	**Birmanisch**
Begrüßung:	**Mingalar pa**
Aussprache:	**ming-ga-la pa**

Laos

Reis

Der Mekong ist die wichtigste Lebens- und Verkehrsader dieses Landes. Die Bewohner halten Wasserbüffel als Arbeitstiere und Lieferanten für Milch und Fleisch. Auf den Hochebenen wird Kaffee, Tee und Reis angebaut.

Einwohner:	**5,5 Millionen**
Geld:	**Kip**
Sprache:	**Lao**
Begrüßung:	**Sabai dee**
Aussprache:	**sa-bai-di**

Kambodscha

Die meisten Bewohner Kambodschas leben an den Ufern des Mekong. Da das Land hier häufig überschwemmt wird, eignet es sich prima für den Reisanbau.

Einwohner:	**12 Millionen**
Geld:	**Riel**
Sprache:	**Khmer**
Begrüßung:	**Jimripsu**
Aussprache:	**dschim-ri-psu-a**

Thailand

Die Landschaft Thailands wird von dichten Urwäldern und Reisfeldern bestimmt. Das Klima hier ist ziemlich heiß und feucht. In Thailand leben über 1.000 verschiedene schillernd bunte Schmetterlingsarten. Es gibt große Vorräte an Tantal, einem Schwermetall, das bei der Herstellung von Spielekonsolen, Handys und Laptops eingesetzt wird.

Im Norden Thailands leben wilde Elefanten.

In den Riffen vor der Küste wohnen Clownfische.

In Thailand werden Ananasse und Mangos angebaut.

Boote sind ein wichtiges Fortbewegungsmittel in Thailand.

Diese Frauen knüpfen Blumenketten für eines der vielen religiösen Feste.

Die schöne Landschaft und die tollen Strände locken viele Touristen nach Thailand.

Spezialitäten

Tuk-tuks
Die kleinen Motorrikschas sind das perfekte Fahrzeug in den belebten Städten.

Thailändisches Essen
Häufigste Zutaten dieser würzigen Gerichte sind Knoblauch, Chili und Kokosnuss.

Buddhistische Tempel
... findet man im ganzen Land.

Einwohner:	**60,7 Millionen**
Geld:	**Baht**
Sprache:	**Thai**
Begrüßung:	**Sawatdi khap**
Aussprache:	**sa-wa-DI kab**

Malaysia

Der dichte Regenwald Malaysias ist die Heimat unzähliger verschiedener Tiere und Pflanzen. Hier wächst auch die größte und am stärksten duftende Blume der Welt, die Riesenrafflesie. Einige Pflanzen werden von der Arzneimittelindustrie zur Herstellung von Medikamenten verwendet. In Malaysia werden aber auch viele elektronische Geräte, vor allem Computerchips, produziert.

In Malaysia werden auch viele Bücher gedruckt, z. B. dieses.

Die Petronas Towers in Kuala Lumpur gehören zu den höchsten Gebäuden der Welt (452 m).

Aus dem Saft von Gummibäumen wird Latex gewonnen, ein Rohstoff für z. B. Autoreifen.

Einwohner:	**23 Millionen**
Geld:	**Ringgit**
Sprache:	**Malayisch**
Begrüßung:	**Selamet pagi**
Aussprache:	**seh-LA-mat PA-dschi**

Singapur

Singapur ist ein sehr kleines, aber auch sehr reiches Land mit einem bedeutenden Hafen. Obwohl hier sehr viele Menschen auf sehr engem Raum leben, ist das Land ungeheuer sauber, denn wer etwas wegwirft, muss hohe Strafen zahlen.

Einwohner:	**4 Millionen**
Geld:	**Singapur-Dollar**
Sprache:	**Chinesisch**
Begrüßung:	**Ni hao**
Aussprache:	**ni ha-O**

Indonesien

Indonesien besteht aus rund 14.000 großen und kleinen Inseln mit schroffen Bergen, dichten Urwäldern, weißen Sandstränden und vielen noch aktiven Vulkanen. Indonesien ist die größte Inselgruppe der Welt und erstreckt sich über eine Breite von 5.000 Kilometern vom Indischen bis in den Pazifischen Ozean. Auf den vielen Inseln leben eine Menge verschiedene Völker, insgesamt werden hier über 580 unterschiedliche Sprachen gesprochen. Das extrem feuchte indonesische Klima eignet sich bestens für den Anbau von exotischen Früchten.

Der Lebensraum der seltenen Orang-Utans wird immer enger, weil viele Wälder abgeholzt werden.

Auf den Inseln Indonesiens kann man viele alte Hindutempel, wie diesen auf Bali, bewundern.

Papayas gedeihen hier ganz prächtig.

Einwohner:	**210 Millionen**
Geld:	**Rupiah**
Sprache:	**Indonesisch**
Begrüßung:	**Selamat pagi**
Aussprache:	**se-LA-mat PA-dschi**

Vietnam

Vietnam ist ein sehr heißes, aber auch sehr wasserreiches Land – also der ideale Ort für den Anbau von Reis. Die Reissetzlinge werden von Hand auf gefluteten Reisfeldern eingepflanzt. Weil so viele Flüsse durch Vietnam fließen, sind Boote ein wichtiges Fortbewegungsmittel. Es gibt sie in allen nur denkbaren Formen, Farben und Größen. In den Städten fahren fast alle Menschen mit dem Fahrrad oder Rikschas, auf denen man problemlos auch ganze Familien transportieren kann.

Reis ist das Hauptnahrungsmittel der Vietnamesen.

Hier wird Reis angepflanzt.

Vietnamesische Marktfrauen bringen ihre Waren mit dem Fahrrad auf den Markt.

Einwohner:	**78,5 Millionen**
Geld:	**Dong**
Sprache:	**Vietnamesisch**
Begrüßung:	**chao**
Aussprache:	**Tschao**

Philippinen

Die 7.107 philippinischen Inseln sind wunderschön.

Die Philippinen bestehen aus über 7.000 Inseln. Diese werden sehr häufig von schlimmen Naturkatastrophen heimgesucht. Überschwemmungen, Erdbeben, Taifune und Vulkanausbrüche sind hier fast alltäglich. Die traditionellen Häuser der Philippiner stehen auf Pfählen, um die Bewohner vor Hochwasser und wilden Tieren zu schützen. Auch hier wird viel Reis angebaut.

Aus Rattan werden Körbe geflochten.

Philippiner, die in der Nähe eines Vulkans leben, müssen oft fluchtartig ihre Häuser verlassen.

Einwohner:	**75,5 Millionen**
Geld:	**Philippinischer Peso**
Sprache:	**Englisch**
Begrüßung:	**Hello**
Aussprache:	**häl-lo**

Osttimor

Osttimor ist eines der jüngsten Länder der Erde. Früher gehörte es zu Malaysia und wurde erst im Mai 2002 unabhängig. Das wichtigste landwirtschaftliche Erzeugnis und Exportgut des Landes ist Kaffee, vor der Küste wurde aber auch Öl entdeckt.

Kaffeebohnen

Einwohner:	**737.000**
Geld:	**US-Dollar**
Sprache:	**Portugiesisch**
Begrüßung:	**Bom dia**
Aussprache:	**bon DI-ja**

Brunei

Brunei ist ein winziger islamischer Staat auf der Insel Borneo. Das Land wird von einem Sultan regiert. Durch große Erdöl- und -gasvorkommen wurde das Land sehr reich.

Die Omar Ali Saifuddin-Moschee in der Hauptstadt.

Einwohner:	**328.000**
Geld:	**Brunei-Dollar**
Sprache:	**Malayisch**
Begrüßung:	**Selemat pagi**
Aussprache:	**se-LÄ-mat PA-dschi**

China

China ist das drittgrößte Land der Erde und in keinem anderen Staat leben mehr Menschen als hier. Ein Fünftel der Erdbevölkerung sind Chinesen. Die Landschaft dieses riesigen Landes ist sehr vielseitig. Im Westen gibt es Berge, im Osten weite Ebenen, der Norden ist sehr waldreich und im Süden befinden sich sogar Regenwaldgebiete. In vielen Gegenden Chinas herrschen ziemlich extreme klimatische Verhältnisse: Im Sommer ist es meist sehr heiß, im Winter dafür bitterkalt. Mehr als die Hälfte der Bewohner Chinas sind Bauern oder Landarbeiter, die ihren Lebensunterhalt mit dem Anbau von Reis und Getreide verdienen. Im Gegensatz zu unserem Buchstabenalphabet steht in der chinesischen Schrift oft ein Zeichen für ein ganzes Wort. Aus diesem Grund hat das Chinesische sehr viele verschiedene Schriftzeichen.

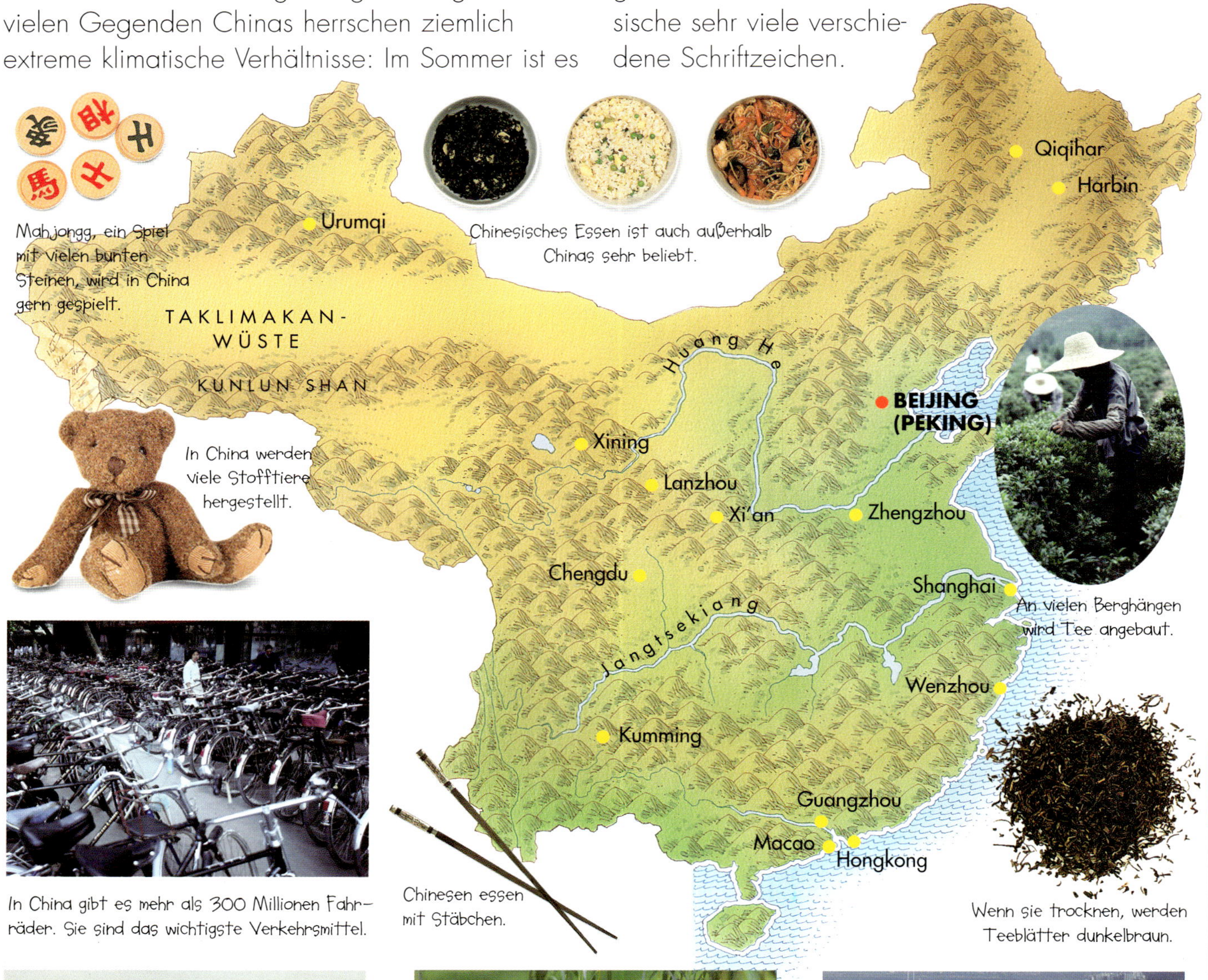

Mahjongg, ein Spiel mit vielen bunten Steinen, wird in China gern gespielt.

Chinesisches Essen ist auch außerhalb Chinas sehr beliebt.

In China werden viele Stofftiere hergestellt.

An vielen Berghängen wird Tee angebaut.

In China gibt es mehr als 300 Millionen Fahrräder. Sie sind das wichtigste Verkehrsmittel.

Chinesen essen mit Stäbchen.

Wenn sie trocknen, werden Teeblätter dunkelbraun.

Die Chinesische Mauer ist 6.000 km lang. Manche Teile sind über 2.000 Jahre alt.

Pandabären müssen zwölf Stunden am Tag fressen, um sich ausreichend zu ernähren.

Hongkong ist ein wichtiges internationales Geschäftszentrum mit einem riesigen Hafen.

Spezialitäten

Seide
Seide wird aus den Kokons des Seidenspinners hergestellt. Jeder ergibt etwa 1 km Seidenfaden.

Naturheilmittel
Viele einheimische Pflanzen, wie Ginseng oder Ginko, werden auch bei uns als Heilmittel verwendet.

Große Erfindungen
Das Papier, der Buchdruck, das Papiergeld, das Feuerwerk, das Porzellan, das Schießpulver, die Schubkarre, der Regenschirm und vieles mehr wurde hier erfunden.

Drachen
Die ersten Drachen wurden hier vor etwa 2.000 Jahren aus Bambusstäben und Seide hergestellt.

Einwohner:	**1,26 Milliarden**
Geld:	**Renminbi**
Sprache:	**Chinesisch**
Begrüßung:	**Ni hao**
Aussprache:	**ni haO**

Tibet

Das kleine Land Tibet liegt auf einer Hochebene im Himalaya-Gebirge, also mitten auf dem „Dach der Welt".

Einwohner:	**2,6 Millionen**
Geld:	**Renminbi**
Sprache:	**Tibetisch**
Begrüßung:	**Tashi delek**
Aussprache:	**ta-schi de-lä**

Mongolei

Im so genannten „Land des blauen Himmels" regnet oder schneit es eher selten. Allerdings dauern die mongolischen Winter sehr lange und sind bitterkalt. Die meisten Bewohner der Mongolei ziehen als Nomaden umher, leben in Zelten und hüten Ziegen, Schafe, Pferde und Rinder. Deshalb sind fast alle Mongolen auch sehr gute Reiter.

Pferde spielen im Leben der meisten Mongolen eine sehr wichtige Rolle.

Einwohner:	**2,4 Millionen**
Geld:	**Tugrik**
Sprache:	**Mongolisch**
Begrüßung:	**Sain Bainuu**
Aussprache:	**säin bäi-nou**

Taiwan

Taiwan ist ein Land mit vielen Bergen, einer schwarzen Felsküste aus Vulkangestein und schäumenden Wasserfällen. Hier gibt es aber auch belebte Städte. Das Land ist bekannt für seine Elektroindustrie und viele der DVDs, Fernseher, Föhne und Staubsauger, die man bei uns kaufen kann, stammen von hier.

In Taiwan werden unter anderem CDs und DVDs hergestellt.

Im Palastmuseum von Taipeh kann man unzählige chinesische Kunstschätze bewundern.

Einwohner:	**22,5 Millionen**
Geld:	**Taiwan-Dollar**
Sprache:	**Chinesisch**
Begrüßung:	**Ni hao**
Aussprache:	**ni haO**

Nordkorea

Viele koreanische Gerichte werden mit scharfen Chilischoten gewürzt.

Offiziell heißt Nordkorea „Demokratische Volksrepublik Korea". Das Land ist sehr waldreich, sodass nur wenig Landwirtschaft betrieben werden kann. Deshalb ist der Abbau von Bodenschätzen der wichtigste Wirtschaftszweig des Landes. Hier gibt es große Vorkommen von Wolfram, einem Metall, das erst bei sehr großer Hitze schmilzt und deshalb z. B. zu Glühbirnenfassungen verarbeitet werden kann.

Nordkoreanische Schulkinder spielen Kayagum, die koreanische Variante der Zither.

Einwohner:	**23 Millionen**
Geld:	**Won**
Sprache:	**Koreanisch**
Begrüßung:	**Annyong ha shimnikka**
Aussprache:	**an-JO HASCHim-ni-ka**

Südkorea

Die Republik Korea, kurz Südkorea genannt, liegt inmitten sehr guter Fischgründe. Deshalb spielt der Fischfang für die Wirtschaft des Landes eine große Rolle. Auch Meeresalgen werden hier geerntet und gereinigt, damit sie zu Lebensmitteln oder Kosmetikprodukten verarbeitet werden können. Außerdem werden nirgendwo auf der Welt mehr Computerchips hergestellt als hier.

Garnelen

Algen sind hier ein beliebtes Essen.

In Südkorea werden auch Schiffe aller Größen, vom Öltanker bis zum Fischkutter, gebaut.

Einwohner:	**47,4 Millionen**
Geld:	**Won**
Sprache:	**Koreanisch**
Begrüßung:	**Annyong ha shimnikka**
Aussprache:	**an-JO HASCHim-ni-ka**

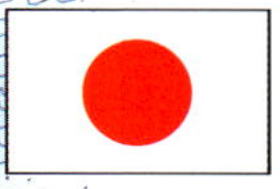

Japan besteht aus vier großen und über 3.000 kleineren Inseln. Das so genannte „Land des Lächelns“ oder „Land der aufgehenden Sonne“ ist einer der reichsten Staaten der Welt. Hier werden vor allem Hi-Tech-Produkte wie Autos, Fernseher oder Computerspiele hergestellt. Die Hauptstadt Tokio ist ein bedeutendes Finanzzentrum. Wegen seiner geografischen Lage ist Japan häufig von Erdbeben betroffen. Jedes Jahr gibt es hier rund 1.000 kleinere und große Beben, sodass erdbebensichere Häuser für die Japaner lebenswichtig sind. Aber auch die vielen aktiven Vulkane und Tsunamis, gewaltige, über sechs Meter hohe Flutwellen, richten eine Menge Schaden an. Die traditionelle Religion Japans ist der Shintoismus. Die Gläubigen dieser Religion verehren die Geister der Natur, die in der Sonne, den Bergen oder den Bäumen Gestalt annehmen.

In Japan werden viele Motorräder und Autos hergestellt.

Kampfsport ist hier sehr beliebt.

Im April und Mai stehen die vielen Kirschbäume in Japan in voller Blüte.

Der schöne buddhistische Kinkaku-Ji-Tempel in Kyoto

Der Berg Fuji oder Fujiyama gilt im Shintoismus als heilig.

Sumoringer beim Kampf

Japanische Hochgeschwindigkeitszüge erreichen Geschwindigkeiten von bis zu 300 km/h.

Nach einem Erdbeben 1923 und dem Zweiten Weltkrieg wurde Tokio wieder aufgebaut.

Spezialitäten

Fischfang

In keinem anderen Land wird so viel Fisch gefangen und gegessen wie in Japan.

Sushi

Die appetitlichen Häppchen aus Reis und Fisch sind eine Delikatesse.

Sumoringen

Bei diesem traditionellen Sport versuchen die Ringer, ihre Gegner auf die Matte zu werfen. Sumoringer essen große Mengen, um noch schwerer zu werden.

Kimono

... heißt das traditionelle japanische Gewand mit den weiten Ärmeln.

Technologie

Viele neue Ideen und Produkte, wie etwa Digitalkameras, wurden und werden hier entwickelt.

Einwohner:	**128 Millionen**
Geld:	**Yen**
Sprache:	**Japanisch**
Begrüßung:	**Konichiwa**
Aussprache:	**ko-NI-chi-wah**

Australien

Mit einer Breite von über 4.000 Kilometern ist Australien die größte Insel der Erde. Das so genannte „Outback", karge, trockene Ebenen, nimmt über die Hälfte des Landes ein. Die meisten Menschen leben in den Städten an der Süd- und Ostküste. Ein Gebirgszug, die Great Dividing Range, trennt die fruchtbare Küstenregion von den heißeren und trockeneren Gebieten im Landesinneren. Australien ist reich an Bodenschätzen. Kohle, Gold, Diamanten und vieles andere wird hier abgebaut. Riesige Rinder- und Schafherden versorgen die Australier und Menschen in aller Welt mit Milch, Fleisch und Wolle. Im Nordosten des Landes liegt vor der Küste das einzigartige Great Barrier Reef. Das über 2.000 Kilometer lange Korallenriff ist nicht nur das größte Lebewesen der Welt, sondern auch die Heimat unzähliger wunderschöner Fische und Wasserpflanzen. Die Australier sind ein sportliches Volk. Besonders Segeln, Surfen und Cricket sind sehr beliebt.

Uluru (Ayers Rock)

Cricketschläger und -ball

Bumerang

Fische im Great Barrier Reef

Der Lebensraum der putzigen Koalabären schrumpft ständig.

Das ungewöhnliche Opernhaus ist das Wahrzeichen der Stadt Sydney.

In vielen Teilen des Landes leben exotische Vögel.

Spezialitäten

Beuteltiere

Kängurus, Koalas, Beutelratten und ihre vielen Verwandten gibt es nur in Australien.

Schnabeltier

Australien ist auch die Heimat dieses eigenartigen Tieres. Es hat einen Schnabel wie eine Ente, einen Schwanz wie ein Biber, ein Fell wie ein Säugetier und legt Eier wie ein Reptil.

Great Barrier Reef

Im größten Korallenriff der Welt leben Tausende von verschiedenen Fischen.

Gefährliche Tiere

In Australien sollte man ein wenig vorsichtig sein. Hier gibt es nämlich nicht nur Haie und riesengroße Krokodile, sondern vor allem auch viele giftige Schlangen und Spinnen, deren Biss tödlich sein kann.

Fliegende Ärzte

Manche Australier leben Hunderte von Kilometern vom nächsten Krankenhaus entfernt. Deshalb kommen im Notfall die Ärzte einfach mit dem Flugzeug vorbei.

Uluru

Dieser riesige, rote Sandsteinblock ist das Heiligtum der Aborigines, der australischen Ureinwohner. Der Felsen ist rund 350 Meter hoch.

Einwohner:	**19,5 Millionen**
Geld:	**Australischer Dollar**
Sprache:	**Englisch**
Begrüßung:	**Hello**
Aussprache:	**häl-lo**

Kiribati

Der Staat Kiribati besteht aus 33 winzigen Koralleninseln. Die Bewohner betreiben Fischfang und bauen Algen und Kokosnüsse an.

Einwohner:	**96.400**
Geld:	**Australischer Dollar**
Sprache:	**Englisch**
Begrüßung:	**Hello**
Aussprache:	**häl-lo**

Tuvalu

Auf den neun Inseln Tuvalus gibt es keinen Fluss. Deshalb sammeln die Menschen Regenwasser. Auch hier werden Kokosnüsse angebaut.

Einwohner:	**11.200**
Geld:	**Australischer Dollar**
Sprache:	**Englisch**
Begrüßung:	**Hello**
Aussprache:	**häl-lo**

Nauru

Nauru ist nur gut 20 km^2 groß. Der winzige Inselstaat hat noch nicht einmal eine Hauptstadt.

Einwohner:	**12.300**
Geld:	**Australischer Dollar**
Sprache:	**Nauruisch**
Begrüßung:	**A kamawirei**
Aussprache:	**a kam-a-wi-rai**

Palau

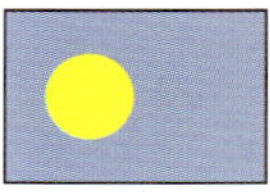

Palau besteht aus sechs größeren und fast 300 kleinen Inseln. In den Korallenriffen rund um die Inseln leben viele seltene Tiere und Pflanzen.

Einwohner:	**19.400**
Geld:	**US-Dollar**
Sprache:	**Englisch**
Begrüßung:	**Hello**
Aussprache:	**häl-lo**

Marshallinseln

Dieses Land setzt sich aus mehr als 1.000 Koralleninseln zusammen. In den Gewässern rund um die Inseln leben alle Arten von Schildkröten.

Einwohner:	**73.630**
Geld:	**US-Dollar**
Sprache:	**Englisch**
Begrüßung:	**Hello**
Aussprache:	**häl-lo**

Vanuatu

Auf den 82 Inseln Vanuatus gibt es noch neun aktive Vulkane. Die restlichen Inseln sind stark bewaldet.

Einwohner:	**207.000**
Geld:	**Vatu**
Sprache:	**Englisch**
Begrüßung:	**Hello**
Aussprache:	**häl-lo**

Tonga

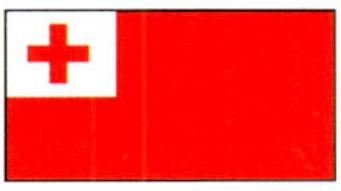

Nur 40 der etwa 170 Inseln Tongas sind bewohnt. Der Rest ist von dichten Regenwäldern bedeckt. Die meisten Bewohner sind Bauern, die vor allem Kürbisse, Kokosnüsse, Bananen und Vanilleschoten anbauen. Tonga wird von einem König regiert. Es ist die einzige Monarchie im gesamten Pazifikraum.

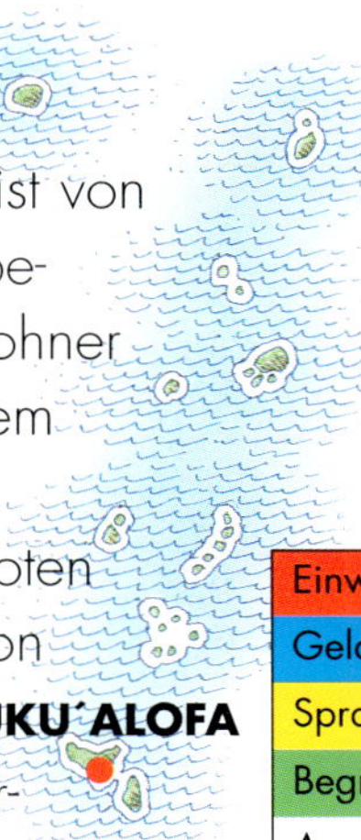

Vanille und Kokosnüsse werden hier angebaut.

Einwohner:	**106.000**
Geld:	**Pa'anga**
Sprache:	**Englisch**
Begrüßung:	**Hello**
Aussprache:	**häl-lo**

Samoa

Samoa besteht aus neun Vulkaninseln. Auf den Hauptinseln Savaii und Upolu gibt es dichte Regenwälder. Die meisten Menschen hier sind Selbstversorger. Sie fischen und ernten gerade so viel, wie sie zum Leben brauchen.

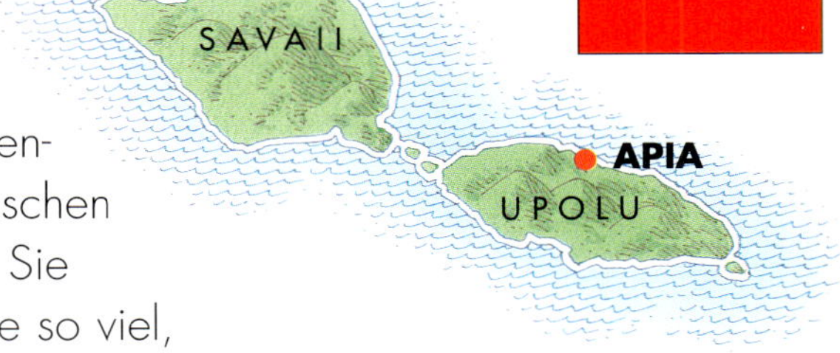

Auf den Inseln ist Rugby eine beliebte Sportart.

Einwohner:	**177.000**
Geld:	**Tala**
Sprache:	**Englisch**
Begrüßung:	**Hello**
Aussprache:	**häl-lo**

Mikronesien

Der Name Mikronesien bedeutet „kleine Inseln" und kein anderer Name würde besser zu diesem aus 607 Inseln bestehenden Land passen. Wegen ihrer Perlen werden hier Austern gezüchtet. Die Bewohner der Yap-Inseln bezahlen noch mit Steingeld.

Perlen

Einwohner:	**136.000**
Geld:	**US-Dollar**
Sprache:	**Englisch**
Begrüßung:	**Hello**
Aussprache:	**häl-lo**

Salomonen

Dieses Land erstreckt sich über 998 Inseln. Die sechs Hauptinseln sind gebirgig und mit dichten Regenwäldern bedeckt. Deshalb ist es nicht verwunderlich, dass Holz ein wichtiges Exportgut des Landes ist. Die aktiven Vulkane machen den Bewohnern der Inselgruppe ebenso zu schaffen wie häufige Erdbeben.

Aus Muschelschalen wird Perlmutt gewonnen.

Einwohner:	**479.000**
Geld:	**Salomonen-Dollar**
Sprache:	**Englisch**
Begrüßung:	**Hello**
Aussprache:	**häl-lo**

Fidschi

Die etwa 100 bewohnten Fidschiinseln sind grün und waldreich. Die Bewohner bauen für den eigenen Bedarf Reis und Süßkartoffeln an. Zu dem Land gehören aber auch noch rund 700 weitere, meist von Korallenriffen umgebene Inseln. Durch sie ist Fidschi ein Paradies für Taucher und Schnorchler.

Delfine sieht man hier häufig.

Einwohner:	**832.000**
Geld:	**Fidschi-Dollar**
Sprache:	**Englisch**
Begrüßung:	**Hello**
Aussprache:	**häl-lo**

Papua-Neuguinea

Die Bewohner Papua-Neuguineas gehören über 1.000 unterschiedlichen Stämmen mit rund 700 verschiedenen Sprachen an. In den Regenwäldern des Landes lebt der größte Schmetterling der Welt, der Königin-Alexandra-Vogelfalter mit einer Flügelspanne von über 25 cm.

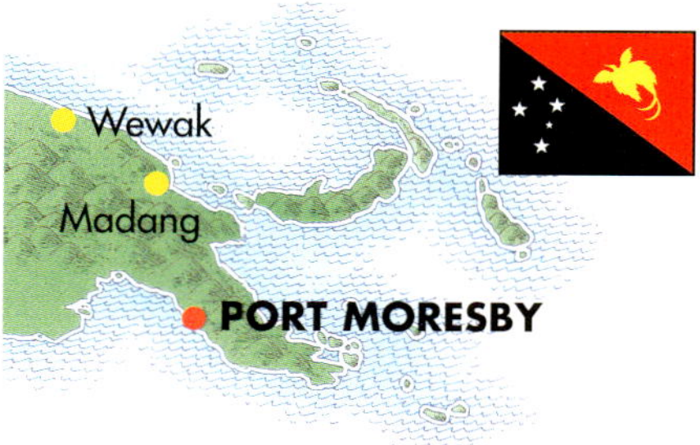

In den Regenwäldern leben Papageien.

Einwohner:	**5 Millionen**
Geld:	**Kina**
Sprache:	**Englisch**
Begrüßung:	**Hello**
Aussprache:	**häl-lo**

Neuseeland

Die Inseln, die zu Neuseeland gehören, sind für ihre großartige Landschaft bekannt. Bei Rotorua z. B. gibt es heiße Quellen, Geysire, blubbernde Schlammlöcher und farbige Seen und Teiche. Die meisten Neuseeländer leben auf der Nordinsel und arbeiten im Dienstleistungsbereich oder in der Landwirtschaft. Große Kiefernwälder liefern genug Holz für die Herstellung von Möbeln und Papier. In Neuseeland gibt es aber auch viele Schaf- und Rinderzüchter. Wolle, Fleisch, Butter, Käse und Milch werden ins Ausland verkauft.

Einer der tollen Wasserfälle des Landes

Kiwis

Wegen der schönen Landschaft und der weißen Strände kommen viele Touristen ins Land.

In Neuseeland werden viele Schafe gezüchtet. Sie liefern Fleisch und Wolle.

Spezialitäten

Kiwis
Die hühnergroßen Schreitvögel sind das Wappentier Neuseelands.

Kiwis
Die leckeren Früchte wurden nach den Vögeln benannt – wegen der großen Ähnlichkeit.

Die „All Blacks“
Die Rugby-mannschaft führt vor jedem Spiel einen Maori-Tanz auf.

Einwohner:	**3,8 Millionen**
Geld:	**Neuseeland-Dollar**
Sprache:	**Englisch**
Begrüßung:	**Hello**
Aussprache:	**häl-lo**

Antarktis

Die Antarktis ist der letzte Kontinent, der entdeckt wurde. Sie ist der höchste, kälteste und windigste Kontinent von allen. Das ewige Eis, das die Antarktis bedeckt, ist an manchen Stellen fünf Kilometer dick. Kein Wunder, dass es hier im Sommer nur etwa –29 °C „warm“ wird, die Temperaturen im Winter aber auf bis zu –75 °C absinken. Zusätzlich fegt der Wind mit bis zu 300 km/h über das Eis. Trotzdem kommen viele Forscher hierher, um die Tierwelt und das Klima zu studieren.

Im Ozean gibt es reichlich Nahrung für Seevögel.

An den Küsten der Antarktis leben und brüten sieben verschiedene Pinguinarten.

Im Landesinneren gibt es kaum Leben. Hier wachsen höchstens Flechten und Moos.

Spezialitäten

Temperaturrekord
Nirgendwo wird es kälter. Der Rekord liegt bei –89 °C.

Der längste Tag
Am 21. Dezember wird es hier 24 Stunden lang nicht dunkel.

Wale
In den Gewässern der Antarktis sind sieben verschiedene Arten der großen Meeressäuger heimisch.

Außengebiete

Einige Staaten dieser Welt verwalten Gebiete außerhalb der eigentlichen Landesgrenzen. Diese Regionen heißen Außengebiete.

Australien

Ashmore- und Cartier-Inseln

Einwohner:	**0**
Geld:	**keins**
Sprache:	**Englisch**
Begrüßung:	**Hello**
Aussprache:	**häl-lo**

Christmas-Insel

Einwohner:	**500**
Geld:	**Australischer Dollar**
Sprache:	**Englisch**
Begrüßung:	**Hello**
Aussprache:	**häl-lo**

Kokosinseln

Einwohner:	**600**
Geld:	**Australischer Dollar**
Sprache:	**Englisch**
Begrüßung:	**Hello**
Aussprache:	**häl-lo**

Korallenmeer-Inseln

Einwohner:	**0**
Geld:	**keins**
Sprache:	**Englisch**
Begrüßung:	**Hello**
Aussprache:	**häl-lo**

Heard- und McDonald-Inseln

Einwohner:	**0**
Geld:	**keins**
Sprache:	**Englisch**
Begrüßung:	**Hello**
Aussprache:	**häl-lo**

Norfolk-Insel

Einwohner:	**1.900**
Geld:	**Australischer Dollar**
Sprache:	**Englisch**
Begrüßung:	**Hello**
Aussprache:	**häl-lo**

Dänemark

Färöer Inseln

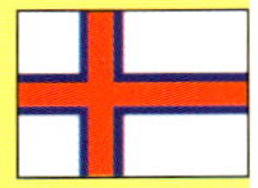

Einwohner:	**46.000**
Geld:	**Dänische Krone**
Sprache:	**Färöisch**
Begrüßung:	**Godan dag**
Aussprache:	**go-den dag**

Grönland

Einwohner:	**56.400**
Geld:	**Dänische Krone**
Sprache:	**Inuit**
Begrüßung:	**Aluu**
Aussprache:	**a-luh**

Frankreich

Clipperton-Insel

Einwohner:	**0**
Geld:	**keins**
Sprache:	**Französisch**
Begrüßung:	**Bonjour**
Aussprache:	**bohn-SCHUR**

Französisch Guayana

Einwohner:	**182.300**
Geld:	**Euro**
Sprache:	**Französisch**
Begrüßung:	**Bonjour**
Aussprache:	**bohn-SCHUR**

Französisch Polynesien

Einwohner:	**245.400**
Geld:	**Pazifik-Franc**
Sprache:	**Französisch**
Begrüßung:	**Bonjour**
Aussprache:	**bohn-SCHUR**

Guadeloupe

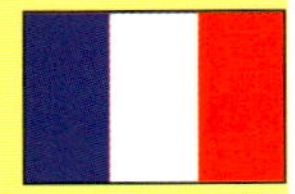

Einwohner:	**435.000**
Geld:	**Euro**
Sprache:	**Französisch**
Begrüßung:	**Bonjour**
Aussprache:	**bohn-SCHUR**

Martinique

Einwohner:	**388.000**
Geld:	**Euro**
Sprache:	**Französisch**
Begrüßung:	**Bonjour**
Aussprache:	**bohn-SCHUR**

Mayotte

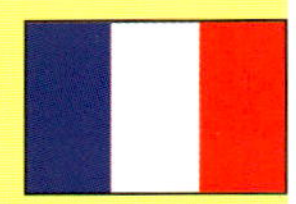

Einwohner:	**170.900**
Geld:	**Euro**
Sprache:	**Französisch**
Begrüßung:	**Bonjour**
Aussprache:	**bohn-SCHUR**

Neukaledonien

Einwohner:	**224.000**
Geld:	**Pazifik-Franc**
Sprache:	**Französisch**
Begrüßung:	**Bonjour**
Aussprache:	**bohn-SCHUR**

Réunion

Einwohner:	**742.000**
Geld:	**Euro**
Sprache:	**Französisch**
Begrüßung:	**Bonjour**
Aussprache:	**bohn-SCHUR**

St. Pierre und Miquelon

Einwohner:	**6.900**
Geld:	**Euro**
Sprache:	**Französisch**
Begrüßung:	**Bonjour**
Aussprache:	**bohn-SCHUR**

Wallis und Futuna

Einwohner:	**15.600**
Geld:	**Pazifik-Franc**
Sprache:	**Französisch**
Begrüßung:	**Bonjour**
Aussprache:	**bohn-SCHUR**

Niederlande

Aruba

Einwohner:	**70.400**
Geld:	**Aruba-Gulden**
Sprache:	**Papiamentu**
Begrüßung:	**Bon dia**
Aussprache:	**bon-DI-ja**

Niederländische Antillen

Einwohner:	**219.000**
Geld:	**N. Antillen-Gulden**
Sprache:	**Papiamentu**
Begrüßung:	**Bon dia**
Aussprache:	**bon-DI-ja**

Außengebiete

Neuseeland

Cookinseln

Einwohner:	**20.800**
Geld:	**Neuseeland-Dollar**
Sprache:	**Englisch**
Begrüßung:	**Hello**
Aussprache:	**häl-lo**

Niue

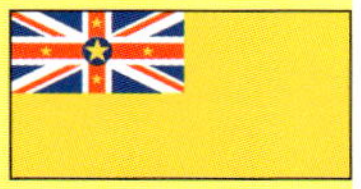

Einwohner:	**2.100**
Geld:	**Neuseeland-Dollar**
Sprache:	**Englisch**
Begrüßung:	**Hello**
Aussprache:	**häl-lo**

Tokelau

Einwohner:	**1.400**
Geld:	**Neuseeland-Dollar**
Sprache:	**Englisch**
Begrüßung:	**Hello**
Aussprache:	**häl-lo**

Norwegen

Bouvet-Insel

Einwohner:	**0**
Geld:	**keins**
Sprache:	**Norwegisch**
Begrüßung:	**God dag**
Aussprache:	**GUD-dahg**

Jan Mayen

Einwohner:	**0**
Geld:	**keins**
Sprache:	**Norwegisch**
Begrüßung:	**God dag**
Aussprache:	**GUD-dahg**

Peter I.-Insel

Einwohner:	**0**
Geld:	**keins**
Sprache:	**Norwegisch**
Begrüßung:	**God dag**
Aussprache:	**GUD-dahg**

Svalbard

Einwohner:	**2.800**
Geld:	**Norwegische Krone**
Sprache:	**Norwegisch**
Begrüßung:	**God dag**
Aussprache:	**GUD-dahg**

Großbritannien

Anguilla

Einwohner:	**12.500**
Geld:	**Ostkaribischer Dollar**
Sprache:	**Englisch**
Begrüßung:	**Hello**
Aussprache:	**häl-lo**

Ascension

Einwohner:	**980**
Geld:	**St. Helena-Pfund**
Sprache:	**Englisch**
Begrüßung:	**Hello**
Aussprache:	**häl-lo**

Bermuda

Einwohner:	**63.900**
Geld:	**Bermuda-Dollar**
Sprache:	**Englisch**
Begrüßung:	**Hello**
Aussprache:	**häl-lo**

Brit. Territorium im Indischen Ozean

Einwohner:	**3.500**
Geld:	**US-Dollar**
Sprache:	**Englisch**
Begrüßung:	**Hello**
Aussprache:	**häl-lo**

Britische Jungferninseln

Einwohner:	**21.300**
Geld:	**US-Dollar**
Sprache:	**Englisch**
Begrüßung:	**Hello**
Aussprache:	**häl-lo**

Caymaninseln

Einwohner:	**36.300**
Geld:	**Caymaninseln-Dollar**
Sprache:	**Englisch**
Begrüßung:	**Hello**
Aussprache:	**häl-lo**

Falklandinseln

Einwohner:	**2.900**
Geld:	**Falklandinseln-Pfund**
Sprache:	**Englisch**
Begrüßung:	**Hello**
Aussprache:	**häl-lo**

Gibraltar

Einwohner:	**27.700**
Geld:	**Gibraltar-Pfund**
Sprache:	**Englisch**
Begrüßung:	**Hello**
Aussprache:	**häl-lo**

Guernsey

Einwohner:	**64.600**
Geld:	**Pfund Sterling**
Sprache:	**Englisch**
Begrüßung:	**Hello**
Aussprache:	**häl-lo**

Isle of Man

Einwohner:	**73.900**
Geld:	**Pfund Sterling**
Sprache:	**Englisch**
Begrüßung:	**Hello**
Aussprache:	**häl-lo**

Jersey

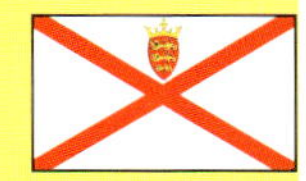

Einwohner:	**89.800**
Geld:	**Pfund Sterling**
Sprache:	**Englisch**
Berüßung:	**Hello**
Aussprache:	**häl-lo**

Montserrat

Einwohner:	**8.400**
Geld:	**Ostkaribischer Dollar**
Sprache:	**Englisch**
Begrüßung:	**Hello**
Aussprache:	**häl-lo**

Pitcairn-Inseln

Einwohner:	**50**
Geld:	**Pitcairn-Dollar**
Sprache:	**Englisch**
Begrüßung:	**Hello**
Aussprache:	**häl-lo**

Außengebiete

Südgeorgien und die Sandwichinseln

Einwohner:	**0**
Geld:	**keins**
Sprache:	**Englisch**
Begrüßung:	**Hello**
Aussprache:	**häl-lo**

St. Helena

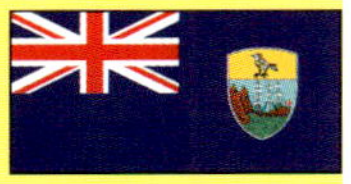

Einwohner:	**4.600**
Geld:	**St. Helena-Pfund**
Sprache:	**Englisch**
Begrüßung:	**Hello**
Aussprache:	**häl-lo**

Tristan da Cunha

Einwohner:	**300**
Geld:	**St. Helena-Pfund**
Sprache:	**Englisch**
Begrüßung:	**Hello**
Aussprache:	**häl-lo**

Turks- und Caicosinseln

Einwohner:	**18.700**
Geld:	**US-Dollar**
Sprache:	**Englisch**
Begrüßung:	**Hello**
Aussprache:	**häl-lo**

USA

Amerikanisch Samoa

Einwohner:	**68.700**
Geld:	**US-Dollar**
Sprache:	**Englisch**
Begrüßung:	**Hello**
Aussprache:	**häl-lo**

Baker- und Howlandinseln

Einwohner:	**0**
Geld:	**keins**
Sprache:	**Englisch**
Begrüßung:	**Hello**
Aussprache:	**häl-lo**

Guam

Einwohner:	**162.000**
Geld:	**US-Dollar**
Sprache:	**Englisch**
Begrüßung:	**Hello**
Aussprache:	**häl-lo**

Jarvis

Einwohner:	**0**
Geld:	**keins**
Sprache:	**Englisch**
Begrüßung:	**Hello**
Aussprache:	**häl-lo**

Johnston-Atoll

Einwohner:	**0**
Geld:	**keins**
Sprache:	**Englisch**
Begrüßung:	**Hello**
Aussprache:	**häl-lo**

Kingmanriff

Einwohner:	**0**
Geld:	**keins**
Sprache:	**Englisch**
Begrüßung:	**Hello**
Aussprache:	**häl-lo**

Midwayinseln

Einwohner:	**0**
Geld:	**keins**
Sprache:	**Englisch**
Begrüßung:	**Hello**
Aussprache:	**häl-lo**

Navassa

Einwohner:	**0**
Geld:	**keins**
Sprache:	**Englisch**
Begrüßung:	**Hello**
Aussprache:	**häl-lo**

Nördliche Marianen

Einwohner:	**77.300**
Geld:	**US-Dollar**
Sprache:	**Englisch**
Begrüßung:	**Hello**
Aussprache:	**häl-lo**

Palmyra

Einwohner:	**0**
Geld:	**keins**
Sprache:	**Englisch**
Begrüßung:	**Hello**
Aussprache:	**häl-lo**

Puerto Rico

Einwohner:	**3,9 Millionen**
Geld:	**US-Dollar**
Sprache:	**Englisch**
Begrüßung:	**Hello**
Aussprache:	**häl-lo**

Amerikanische Jungferninseln

Einwohner:	**123.500**
Geld:	**US-Dollar**
Sprache:	**Englisch**
Begrüßung:	**Hello**
Aussprache:	**häl-lo**

Wake

Einwohner:	**0**
Geld:	**keins**
Sprache:	**Englisch**
Begrüßung:	**Hello**
Aussprache:	**häl-lo**

Register

Register

Register

Register

Q

R

S

T

Register

Bildnachweis

Fotos: S.18 Ölfasstrommeln, Oliver Benn (Getty Images), S. 20 Quetzal, Ralph Lee Hopkins (Lonely Planet), S. 21 Kolibri, Margarette Mead (Getty Images), S. 21 Autos, Trevor Wood (Getty Images), S. 21 Havanna, Tom Bean (Getty Images), S. 22 Bogotá, Krzysztof Dydynski (Lonely Planet), S. 22 Salvo-Palast, Wayne Walton (Lonely Planet), S. 22 Regenwald, Greg Caire (Lonely Planet), S. 25 Polo, Phil Weymouth (Lonely Planet), S. 42 Ölplattform, Mark A. Leman (Getty Images), S. 42 Skilangläufer, Terje Rakke (Getty Images), S. 43 Helsinki, Stephen Saks (Lonely Planet), S. 45 Heilig-Geist-Kirche, Glen Allison (Getty Images), S. 45 See, Graeme Cornwallis (Lonely Planet), S. 45 Straße, Anders Blomqvist (Lonely Planet), S. 46 Fahrräder, Mark Downey (Getty Images), S. 46 Den Haag, Andrew Ward (Getty Images), S. 46 Windmühle, Hindeo Kurihara (Getty Images), S. 47 EU, Neil Beer (Getty Images), S. 49 TGV, Chris Kapolka (Getty Images), S. 52 Fähren, Paul Trummer (Getty Images), S. 52 Zakynthos, Steve Outram (Getty Images), S. 54 Alpen, Josef Bek (Getty Images), S. 54 Schwarzwaldhaus, Doug Armand (Getty Images), S. 56 Alpen, Neil Beer (Getty Images), S. 56 Hallstatt (Getty Images), S. 57 Prag, Anthony Cassidy (Getty Images), S. 57 Warschau (Getty Images), S. 58 Rumänischer Markt, Rhonda Gutenberg (Lonely Planet), S. 58 St. Andreas-Kirche, John Noble (Lonely Planet), S. 59 Frauen, Lee Foster (Lonely Planet), S. 61 Bazar, Grant V. Faint (Getty Images) S. 61 Carpets, Robert Freck (Getty Images), P.62 Catherine Palace (Getty Images), S. 63 Schneeleopard, Tim Davis (Getty Images), S. 64 Zitadelle, Thomas Schmitt (Getty Images), S. 64 Totes Meer, Hugh Sitton (Getty Images), S. 64 Iranische Frauen, John Borthwick (Lonely Planet), S. 65 Al-Aqsa, Siqui Sanchez (Getty Images), S. 65 Mekka, Nabeel Turner (Getty Images), S. 66 Petra, Jon Arnold (Getty Images), S. 66 Sayyida Ruqayya-Moschee, John Elk III (Lonely Planet), S. 68 Bombay, Eddie Gerald (Lonely Planet), S. 69 K2, Ed Darack (Getty Images), S. 69 Lastwagen, James Strachan (Getty Images), S. 72 Hindu-Tempel, Dennie Cody (Getty Images), S. 72 Petronas Tower, Josef Beck (Getty Images), S. 73 Brunei, Robin Smith (Getty Images), S. 73 Obstverkäufer, Paul Chesley (Getty Images), S. 73 Reisanbau (Getty Images), S. 75 Mongolen, Paul Harris (Getty Images), S. 75 Palastmuseum, Mark Downey (Getty Images), S. 76 Koreanische Kinder, Tony Wheeler (Lonely Planet), S. 77 Sumoringer, Chris Cole (Getty Images).

Sonstige Fotografien von Richard Brown.

Vielen Dank an Betty Wass, Jeanne Tabachnick, Herbert Lewis, Earl Gritton und Stephen Volz für die Erlaubnis, ihre Fotos von Afrika und an Leonardo ihre Fotos für Fremdenverkehrsverbände in aller Welt zu verwenden.

Den folgenden Fremdenverkehrsverbänden danken wir für die Erlaubnis zur Veröffentlichung ihrer Fotos:
Dominikanische Republik, Nicaragua, Kenia, Niederlande, Spanien, Portugal, Thailand, Neuseeland und die Seychellen.

Vielen Dank an Penny Boshoff für ihre Nachforschungen, CIRCA für ihre Daten und der CIA für die Erlaubnis zur Benutzung der Flaggen aus dem Weltalmanach.

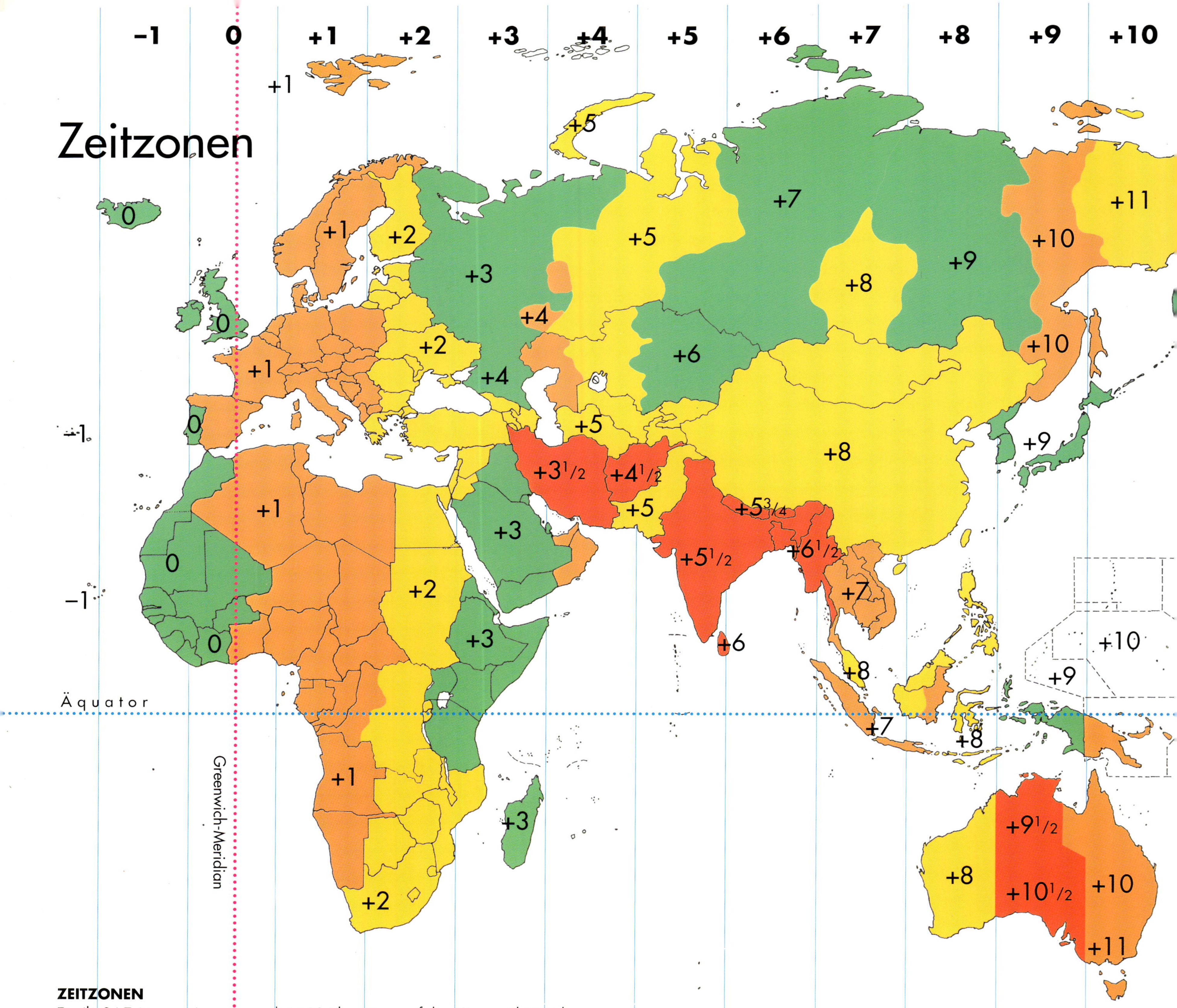

ZEITZONEN

Es gibt 24 Zeitzonen. Ausgangspunkt ist 12 Uhr mittags auf dem Greenwich-Meridian, also dem Null-Längengrad. Die bei uns und in einigen anderen Ländern übliche „Sommerzeit“ wird hier nicht berücksichtigt.